精神と世間と虚偽

混迷の時代に知っておきたい本

山本七平

さくら舎

◆目次

第一章　人間を読む

「心情としてあやまたなかったことを信じる」を信じない

精神的自伝の極み

第三章 世間を読む

第四章　虚偽を読む

第五章　異端を読む

精神と世間と虚偽

——混迷の時代に知っておきたい本

第一章　人間を読む

「心情としてあやまたなかったことを信じる」を信じない

『倫理学』（現在、岩波文庫『エチカ』畠中尚志訳などがあるが、著者が読んだのは一九二七年刊の岩波文庫『哲学体系』小尾繁治訳か？）

バールーフ・デ・スピノザ　一六三二―一六七七年。オランダのユダヤ人哲学者。デカルトと並ぶ合理主義哲学者として知られる。『国家論』『知性改善論』（以上、岩波文庫）などの著書がある。

戦場へ持って行った一冊

青少年時代に読んだ本は一冊も残っていない。というのは二十数年前漏電《ろうでん》のため火事になり、蔵書《ぞうしょ》はすべて焼失したからである。

リデルとスコットの『希英辞典』（注：ギリシア語・英語の辞典）一冊が、倒れた土壁の下になって奇跡的に残っていた。焼けただれた表紙を取り、製本屋に製本しなおしてもらったが、焼け焦《こ》げが残っている扉《とびら》に、火事の面影《おもかげ》が残っている。

だが、蔵書が全部焼失したとき、悲しみよりも逆に、一種奇妙な解放感を味わったことを今も忘れない。少々奇妙な言い方だが、何か、呪縛《じゅばく》から解き放たれて自由を獲得したような気持ちになった。

そのためか、火事以前の本についての思い出はない。否《いな》むしろ、思い出すのがいやで、意識的に青少年時代の読書に触れられることを拒否してきたのかもしれない。

ただ何かのときに人から指摘されて、「そうそう、そういえばあのとき、あれを読んでいたんだなあ。一体全体なぜ、あんな情況の下で、あんな読みづらいものを読んでいたんだろう」と思い出すことはある。そしてそう思うと、今の自分が、こういう考え方をするのも、あの本の影響なのかな、と思うこともある。

私は軍隊から戦場へとスピノザの『倫理学』を持って行った。といっても、このことを私は忘れていた。ただ私が見習士官のとき、初年兵で入って来て、今では大新聞社の幹部である人が、見習士官室の掃除に来て、私の手箱（私物を入れておく官給の木の箱）の中にそれがあるのを見つけた。

戦時中の帝国陸軍とスピノザは、あまりに異様な取りあわせである。そのためかその人が覚えており、その人から言われて、「そうそう、そういえばそうだったな」と思い出したわけである。

それからまた何年かたった。私はある医院の待合室で「なぜ革命を信じたのか」（注：松《まつ》田《だ》道雄《みちお》「世界」一九八二年四月号　岩波書店）を読んだ。松田道雄氏（注：一九〇八―一九九八年。医師、評論家）は誠実な人である。私は氏の誠実さを疑ったことはない。もちろん誠実な人にも自己弁護はあろう。

たとえば「いまにして思うと近いうちに革命が日本におこるという確信には、盲点があった。それはレーニンが革命に成功したという判断に、それを裏づける情報が不十分であったということだ。基本的には日本の支配者たちがソビエト・ロシアについての情報をあつめることを禁止していたことによるのだが、当の『労働者の祖国』のほうも情報の統制をしていた。学生の入手できる情報は反共宣伝か、『同伴者』側からの『好意的』なものにかぎられていた」といった点、これも自己弁護であろう。

それはそれでよい。他は省略しよう。

「心情教徒」のあやまり

情報を完全に統制していたのがむしろ先方であることは、レーニンの時代でも毛沢東《もうたくとう》の文革（注：文化大革命）時代でも同じだが、同時にその統制は常に完璧でなく、「知る意志」さえあればある程度は実態を知り得ることは昔も今も同じである。したがってこれらの自己弁護はこの表題の「なぜ革命を信じたのか」の「なぜ」の解答にはならない。

人はまず信じる、次にその信仰を裏づける情報しか耳に入れなくなる。そしてその人が自己の信仰や主義に誠実であればあるほどそうなる。そしてそれは太平洋戦争時代の日本人も同じなのである。

「なぜ東亜解放・アジア新秩序の樹立」等々を信じたのか。理由には必ず「情報」の不足があげられる。そして、そういう人はみな松田道雄氏のような誠実な人である。

私は決して皮肉を言っているのではない。私が接した青年将校の中には、本気で、アジアの民を英米の植民地という桎梏《しっこく》から解放するため、すべてを捧げて悔《く》いないと信じていた人は現にいた。そしてこの「いた」という「事実」は、戦後のマスコミがいかにその人たちを戯画化《ぎがか》し醜悪化《しゅうあくか》したとて、否定はできない。

そして松田氏はこの文章の最後に書いている。「私たちが私たちの青年の日を悔いないのは、不足した情報のなかで知的にあやまった選択をしたとしても、心情としてあやまたなかったことを信じるからである」と。

ある本について別の機会に記《しる》したいと思っているが、この本、二・二六事件（注：陸軍皇道派青年将校によるクーデター未遂事件）に参画して処刑をまぬかれたその人の記した本にも、ほぼこれと同じ言葉が出てくる。情報不足・知識不足、そのために選択を誤った、しかし「心情としてあやまたなかったことを信じる」から私は後悔していないと。

これは、連合赤軍の人も、永田《ながた》洋子《ひろこ》（注：あさま山荘事件などを起こした連合赤軍幹部）も口にできる言葉であろう。

この言葉、すなわち「心情としてあやまたなかったことを信じる」は、神なき国における「信仰の証明」の免罪符《めんざいふ》であり、それは、戦中も戦後も変わりはない。そして、戦時中の軍隊では、その二・二六事件的なものへの「免罪符」として、それは特に強烈に主張された――そうあって当然であろう。天皇から逆賊《ぎゃくぞく》と規定された人たちなのだから。

私はこの「免罪符」を信じなかったし、今も信じないし、手に入れようとも思わない。そして私を「心情教徒」でなくしたもの、というより、そういう言葉を口にすることがないようにしたものは何か。

いわば「これが正しい」ということを、まるで幾何学《きかがく》の証明のように証明してくれる何かがあると信じたのはなぜか。幾何学の証明は、まちがっていたらまちがっていたのであり、「証明はあやまっているが、心情としてはあやまっていない」などという言葉はあり得ない。ではどこかに、幾何学の証明のように人間の倫理を明確に証明してくれるものがあったのか。否、あり得る可能性があるとなぜ思ったのか。

スピノザ『倫理学』との出会い

私はスピノザの『倫理学』に出会った。その標題は中村為治《なかむらためじ》氏（注：イギリス文学者）のラテン語・日本語対訳版通りに記すと『倫理学、幾何学の秩序で証明された、そして、五つの部たちに分けられた、それらのなかで論じられる』というまことに古風な題の本である。

もっとも私が軍隊・戦場と持ち歩いたのはこの七〇〇ページ近い大冊ではない。これは二年前に、中村先生の慫慂《しょうよう》（注：勧め）と援助と私のある種のなつかしさをもって出版したまことに「道楽的」な本である。

だが今ではこの本しかないので、それによって、内容を少し記そう。まず目次は次のようになっている。

㈠神について、㈡こころの本性に、また起原について、㈢感情たちの起原に、また本性について、㈣人間の奴隷状態について、または感情たちの力たちについて、㈤理解力の能力について、または人間の自由について、となっている。

目次だけを見ると、何やら、どこにでもある「エッセイ風」の「評論集」のようだが、第一ページを開くと、「定義」「説明」「公理」「定理1」「証明」「定理2」「証明」……となっており、まるで幾何学の教科書のようである。

では次に㈣人間の奴隷状態について……の章の一部を引用しよう（ラテン語の原文は除く）。

「定理1　それを間違った観念が積極的に持っているところの、何ものも、真実が真実である限りにおいて、真実の現在によって取り除かれはしない」

「証明　間違いは、不十全な観念たちが包んでいるところの、認識の欠如だけから成り立っている（第二の部の定理35から）、また、それら自身〔不十全な観念たち自身〕は、そのもののためにそれらが間違いと言われるところの、積極的な何かあるものを持ってはいない（第二の部の定理33から）；そうではなくて反対に、それら〔不十全な観念たち〕が神に関係づけられる限りにおいて、それらは真実である（第二の部の定理32から）……」

「証明」はまだ続くが、これだけを読んでも読者は、よく意味はつかめないであろう。しかしこの部分だけでも、再読・三読・四読されれば、スピノザの『倫理学』なるものの骨格は、何となくつかめるのではないかと思う。そして、その何となくつかんだものを「私たちが私たちの青年の日を悔いないのは……心情としてあやまたなかったことを信じるからである」という言葉と対比していただきたい。

「あやまっていなかったことを信じる」とは自分が倫理的に正しかったと信じることである。ではそれをスピノザのように「定義」「公理」「定理」「証明」という形で記していったら、どうなるのであろう。

帝国陸軍を別世界から「見ていられた」

帝国陸軍の中で、スピノザの『倫理学』を時どき開いて、その「定理」と「証明」を拾い読みしているということは、常々、その問題を突きつけられているということであり、同時にそれは、どんな状態の中でも、精神的には別の世界に住んでいて、帝国陸軍という世界を別世界から「見ていられた」ということである。

だがそのことは私に、スピノザが理解できたということではないし、彼の『倫理学』で日本人の「倫理」が説明できるということでもなかった。スピノザの世界がユークリッドの幾何学（注：学校で習うような一般的な幾何学）の世界と仮定するなら、帝国陸軍なるものに象徴される日本という世界は、おそらく非ユークリッドの世界なのである。

そこでは、スピノザの「公理」は「公理」ではなく、まったく別の「公理」が当然自明のこととして存在したのである。だがそれが何であるか、私にはわからなかったし、誰も教えてくれなかった。

戦争が終わってもその「公理」が変わったとは思えなかった。右翼だろうと左翼だろうと、半世紀前だろうと現在であろうと、「私は悔いない……心情としてあやまたなかったことを信じるから」という倫理は共通して存在する。

では、この世界の「公理」はどうなっているのであろう。その「公理」を探し出してスピノザがやったように「言葉にすること」。その上で、「定義」「定理」「証明」を続けていくこと。戦争が終わったとき、非常に漫然とした形ではあったが、それが、何としてもやって行きたいことであった（注：著者はイザヤ・ベンダサン名義の『日本教について』で、日本人的発想法の幾何学的探究＝図式化を試みている）。

だが、スピノザの方法は「非ユークリッド的日本」にそのまま応用はできない。ただ私は戦後だいぶたってから、スピノザは表現こそ「幾何学的」だが、その思想と思想の表現方法の基本にあるものはユダヤ人のそれ、すなわち「旧約聖書」であることに気がついた。そして「旧約聖書」には律法という断言法的表現から黙示《もくし》文学（注：ダニエル書などの啓示《けいじ》文学）まで、あらゆる表現が、いわば、あらゆる証明用具が、そなわっていることを知ったのである。

この点で、スピノザの『倫理学』は、私には、忘れることのできない本である。

精神的自伝の極み

『平和への巡礼』（新教出版社　一九八二年）
吉田満（よしだ・みつる）一九二三―一九七九年。日本銀行に勤務のかたわら帝国海軍の経験をもとに作家活動をおこなう。代表作に『戦艦大和ノ最期』がある。

「生涯の友」のような本

私は資料的なものや、二千年あるいはそれ以上昔の、聖書やフラウィウス・ヨセフス（注：『ユダヤ戦記』等を著《あらわ》した帝政ローマ期のユダヤ人の著述家）などの著作しか読んでいないように思っている人もいるらしい。さらに「文藝春秋」誌上（注：一九八三年三月号の「切腹と石油」）で『日本石油史』や『日本の時計』などを紹介したので、「珍しい本ばかり掘り出されるんですなあ、新刊にゃ全然興味がないんですか」とも言われた。

もちろん資料を読むのはおもしろいが、そういうおもしろさとは別の、「生涯の友」のような本もいく冊かある。それらは常に手近にあり、仕事の合い間などに本棚から取り出し、親しい友人と愉快に話したり、時には真剣に相手の言葉に耳を傾けたり、また反論を試みたりする本は決して少なくない。

今回はその中の一冊、吉田満著『平和への巡礼《じゅんれい》』をあげたいと思う。

この本は『戦艦大和《せんかんやまと》ノ最期《さいご》』や『戦中派の死生観』のように、世に知られている本ではない。収録されているのは、「西片町《にしかたまち》教会月報」や「キリスト新聞」「カトリック新聞」に掲載されたものと、追悼文《ついとうぶん》や手紙などである。いわばあるものはきわめて限定された範囲に公表され、あるものはまったく公表を予期しなかったものである。したがって内容の大部分は「私的通信」という性格が強い。

そしてそれだけに、吉田さんの人柄がはっきり出ていて、これを読むとそこに吉田さんがいて、その声を聞いているような気がする。それだけでない。関連ないように見えるこれらの文章が一冊にまとめられると、それはいつしか吉田さんの「精神的自伝」にもなっている。

言論不信が多い中で

私はこの本をぜひ多くの人に読んでもらいたいと思う。戦後の日本の、しかも世俗の世界に、こういう人がいたことを知ってもらうために——。

その人を知るという点で本書はまさに恰好《かっこう》の本である。というのは、吉田さんは、その「書かれたもの」から受ける印象と、直接に会った印象とがまったく変わらない人だったからである。いわば微塵《みじん》も偽善《ぎぜん》のない人であった。

私のような、その生涯を出版界で送って来た人間は、特に若いころ、その「書かれた内容」と著者との間のあまりに大きい乖離《かいり》に驚き、言論不信から人間不信にまで陥《おちい》ったことは決して少なくない。

進歩的文化人の典型のような人で、常に、働くものの権利だとか差別への戦いとかカッコよい言葉をまき散らしながら、中小出版社に来ればまるで暴君で、編集員に威張《いば》りちらし、「あいつは口のきき方が無礼だからクビにしろ」などと社長に要求した人がおり、その現場を私は目撃している。

ところが岩波書店にいる友人の話では、その人が岩波では借りて来たネコのようにおとなしく、編集者にゴマをするという。私はこういう人物の書いたものは、一切信用しない。

また、無名のときはペコペコして、有名になったとたんにソックリかえる人もいる。これも、昔的な表現を使えば「お里が知れる」で、尊敬をする気にはなれない。

出版界にいると否応《いやおう》なくこういう「裏」を知ってしまうわけで、世評と違う人物評を持たざるを得なくなる。そしてこういう問題をまったく感じさせなかったのが吉田さんであった。

本書を読まれれば、誰でも、吉田さんにとっては、原稿を書くのも、追悼文を書くのも、手紙を書くのもまったく同じことで、そのすべてに、誠心誠意、伝えるべきことを伝えようという意志と、その内容においてあくまでも自らに誠実であろうとしたことを、読みとられるであろう。そしてそこにいる吉田さんは、現実に会って談笑する吉田さんとまったく変わらないのである。吉田さんは『戦艦大和ノ最期』で若くしてすでに有名人であった。しかし氏には、有名人的な雰囲気は微塵もなかった。

「生と死」を見つめつづけて

一体この吉田さんの人格はどのようにして形成され、生涯、崩《くず》れることなく保持されて来たのであろうか。と思うのも氏は決して超俗の僧院的生涯を送った人でなく、世俗の組織の中で、まず海軍軍人であり、ついで日本銀行に勤め、最後は「監事」という名の重役すなわち世俗世界で生涯を送った人だったからである。

本書を読むと、それは、吉田さんが常に「生と死」を見つめ、それを見つめることによって「信仰」に到達され、そこから常に「平和」を希求されていたことによる、と思わざるを得ない。と言っても、もちろん吉田さんは、「平和」や「信仰」を売りものにする人ではなかった。したがって吉田さんがキリスト教徒であり、生涯、まことに真摯《しんし》な求道者であったことは意外に知られていない。

だが、駄文はもうよいであろう。ここで『平和への巡礼』から少し引用させていただこう。

そしてこの短い抜粋を読まれただけで、私が「精神的自伝」といった理由を読者は納得されるであろう。

「戦争は私にとって一つの場であった。戦争はおよそさまざまの戦いをはらむ颶風《ぐふう》（注：台風）であった。それは私にも戦いを蔽《おお》いかぶせ、戦いの焦点に私を吸いこんだ。そして戦いは、私の臓腑から生命を奪わずに、私の胸奥に死の刻印《こくいん》をのこして行ったのである」

「戦端は開かれた。その瞬間は、正確に予定されたようでもあり、全く唐突のようにも感ぜられた。とにかく事実が、唯一の、明白な裁きを下して行った。

戦いがあり死があった。絶え間ない炸裂、衝撃、叫喚《きょうかん》の中で私の肉体はほしいままに翻弄《ほんろう》された。躍《おど》り匍《は》い走りすくんだ。こころは今や完全に機能を失い、感覚だけが目ざましい反応をつづけた。筋肉が神経が痙攣《けいれん》して、ただそれに追われるばかりであった。死が、血しぶきとなり肉片となって私の顔にまといついた。或《あ》る者は、まなじりを決したまま、一瞬飛び散って一滴の血痕《けっこん》ものこさなかった。他の者は、屍臭《ししゅう》にまかれ恐怖に叩きのめされて失神し、身動きも出来ぬままなお生を保っていた。

およそ人の訴えを無視し、ときところを選ばぬ死神の跳梁《ちょうりょう》、生の頂点にのぼりつめて、死の勾配《こうばい》を逆落ちながら、あばかれる赤裸々《せきらら》なその人間。蒼《あお》ざめたまま口を歪《ゆが》めてこときれる者。女神のような微笑みをたたえ、ふと唇《くちびる》をとじる者。人生のような、芝居のような、戦闘の一局面。そこでは、一切に対する、想像も批判も連想も通用しない。ただ見、触れ、押し、抱くことが出来るばかりであった。

やがて無惨に傾いた敗残艦に、沈没寸前の虚脱した小休止が来た。私がおそれ避けて来た『時』であった。果たして内心の声が抗しがたく迫って来た。——死にゆく者。死神の顔色でもうかがうか。それとも決算の用意があるのか。お前の生涯を飾る一切のうち、いま死にゆくお前に役立つものがあるか。あれば共に進むがよい——私は答えようと懸命に、追憶に向かって救いを呼んだが、不安はつのるばかりであった。一枚一枚この肌をはがされ、むごい孤独のままに打ち捨てられようとしていた。それは余りに明らかだった。何もない、何一つない、これが俺だったのだ。一切だったのだ、と呻《うめ》きながら——しかし私はそのまま、艦腹から波頭に落とされていた。

「白いベッドに身を横たえながら、私は身をさいなむ問いを執拗《しつよう》にくり返した。——あれが死なのか。波にまかれしたたかに水を吞まされ、苦悶《くもん》の極に明転し、そして俺は甦《よみがえ》ったがもしあの時暗転していたならば、——あの眠りに似てより重く、窒息に似てよりいまわしい、瞬間が永遠につづくのであろうか。しかも一度限りの、終熄《しゅうそく》。いなそれよりも、あののがれようのない、孤独、寂寞《せきばく》、絶望はどうしたことなのだ。あのようにしか死ねないものとすれば、人間とは何なのか。何のためのものなのか。それだけではないはずだ。たしかに、何かが欠けている。あれを悲惨の極と感ずるこの心がある以上、それにこたえるものがなければならない。ささやかながら求めつづけるこの叫びに応ずるものがなければならない。そうでないならば、われわれはただあるがままにあるだけで、苦しみすら持ち得ないだろうから――欠けたものは一体何か。俺の場合の、虚無《きょむ》の理由は何なのか。――」

「終戦。復員。私を迎えたものは、肉親の涙であり、和《なご》やかな生活の慰《なぐさ》めであった。だが私は、はからずも戦陣の粗暴さと荒涼《こうりょう》をなつかしむ自分を見出して愕然《がくぜん》とした。いつでも死ねる、いつでも死んでやる。それは何と毒々しい誘惑だったろう。

そのおかげで、日常のこまかなつとめを、如何《いか》に平然と無視することが出来たろう。だが今ここにあるのは、父母につかえ、一つの文字を心して書き、大過《たいか》なき一日をよろこばねばならぬ自分にほかならぬのだ。

私に触れる如何なる些事《さじ》も、すべて死につらなるものとして受け入れることに、私のあの体験の成果、脱皮の効験があったはずだ。もう死ねない、いつでも死ぬというわけにゆかぬ、そうした思いに頬をこわばらせるような自分がまだのこっているのだ。あやういかな――私はこまかく戦いの事実を書きつづった。自らの心の鏡として、鞭《むち》として、貴《とうと》い試練が与えてくれたものを保つための糧《かて》として。

その手記は人に読まれはじめた。何とさまざまな読み方をする人がいたことであろう。多くの場合、私は暗然とさせられた。人は感嘆し、嘆息を洩《も》らす。だがそれが、戦いの特異な外貌に向けられるばかりで、散華《さんげ》した人たちの心情に、かほどまで触れること少ないのはどうしたことであろう。ひと一人が死ぬということは、ただ興味をつなぎ気を呑《の》まれて眺めていればいいことではない。彼らも、人間として、一つのいのちとして、それぞれに絶えていったのだ。彼らも、さいごに、あの瞬間に、悲しく絶叫したに相異ない。私たちが、悪夢をはらい、心の生活を打ちたて、精神の価値を目ざすことを切望したに相異ない。そのように、自分の胸にひびかせてよんでくれた人が如何に少なかったことであろう」

『私の中の日本軍』と比べて

『戦艦大和ノ最期』は売文を予定された作品ではなかった。それは吉田さんにとっては「自分の心の鏡」「鞭」そして「貴い試練が与えてくれたものを保つための糧」だったのだ。ああ、この点は私と違う。

世の人はどう見るか知らないが、吉田さんは宗教的人間であり、私は俗人である。私も『私の中の日本軍』や『一下級将校の見た帝国陸軍』を書いた。しかし私の場合は、脳髄《のうずい》だけでなく体内にまでたまっているドロドロした記憶を吐き出し、それでさっぱりして、旧軍隊とは永遠に縁を切ってしまいたいような気持ちであった。したがって私の場合は、それを書いたことが、吉田さんのように宗教的な契機とはなり得なかった。

『戦艦大和ノ最期』は、「……はからずも、知人の手からその人のひそかな好意で或る神父様の目に触れた」。それが今田神父であり、それによって吉田さんは、「いま私は辿《たど》って来た道のりを想い、足もとを見つめ、瞳をあげて天を仰《あお》ぐ。私はつねに死とともにあることができ、むしろ刻々のいのちを死することにおいてよりよく生きることができる。そこにこそ真に生き生きとした生命がいとなまれることを実感する」に至る。

紙数がないのでこれで引用を終わるが、以上の部分は吉田さんの「精神的自伝」のいわばはじまりであり、それに続く文章は、いま記したことを吉田さんが現実の世界で具体的にどのように生きて行ったかの、意図せざる記録である。それは職場における上司の言葉の受け取り方にも、東北やニューヨークからの手紙にも示されている。

さらに「平和問題」「戦争責任の問題」等についての文章にも、はっきりあらわれている。

死の直前に送られてきた手紙

だが本書の価値は、以上のような私の紹介をはるかに越えたところにある。それを知るには『平和への巡礼』を読んでいただく以外に方法がない。本書は愚息も読んだ。何でも批判したがる年代であり、少々生意気に古典以外は絶対に読まないなどと言っていたのに、本書には強く心打たれたようであった。そして私のほうを向き、父親批判を加味しつつ次のように言った。「日銀というマンモン（注：財・むさぼり等の悪徳）の神殿にいても聖者は聖者なんだな、市ヶ谷の陋屋《ろうおく》で生涯聖書図書を出版していても、俗人は俗人なんだな」と。確かに私は吉田さんと比べれば俗人である。

吉田さんはどこにいても、確かに「聖」を感じさせる人であった。前にも記したが、こういう人が戦後の世俗の世界にいたということ、それだけで私はある種の安らぎを覚える。

私は時々ふと思う。子どもの非行に苦しむ親が多いが、それを防ごうと思うなら、理解できないのではないかと思われる年齢から、父と子で本書を毎日一章ずつ読めばよいのではないかと。遠い昔のことでなく、また異国のことでもなく、自分の近いところに、こういう人が現に生きていたのだということ、それを知ることはその人の生涯にとって決して無駄ではない。

そのような読み方も、吉田さんは決して拒否はすまい。おそらく死の直前に病院から送られた手紙の末尾には、次のように記されているから――。

「私のベッドは窓ぎわなので、斜めに見上げると、すぐそこに大空があるのです。

皆さんの御健康を祈ります。

神よりのめぐみが豊かにありますように」

政治を10倍楽しく読む本

『日本の政治』（東京大学出版会　一九八三年）
京極純一（きょうごく・じゅんいち）一九二四―二〇一六年。政治学者。東京大学名誉教授。政治意識、政治行動の研究に計量分析の手法を取り入れた。『政治意識の分析』『日本人と政治』（以上、東京大学出版会）などの著書がある。

『老子』を連想

趣味が読書だとすべてをまことに漫然と読みはじめる。小林秀雄も確か武者小路《むしゃのこうじ》実篤《さねあつ》氏の『論語』を評したとき、「いつものやうに漫然と読みはじめ……」といった言葉があったように記憶する。

私の記憶違いで、他の本の批評だったかもしれないが、この「いつものやうに漫然と……」という言葉を三十年以上記憶しているところを見ると、何か共感を感じたのであろう。漫然と読んでいると、時々ふと読書をやめて他のことを考えている自分に気づく。そしてまた我に返って読みはじめる。私にはこういう読み方が楽しいのだが、『日本の政治』を読みはじめてすぐ感じたことは、「まてよ、京極先生、『老子』の愛読者じゃないのかなあ」ということであった。

もっともこれは私の勝手な連想で、そうでないのかもしれない。だがそのような連想をしたのは「其《そ》の鋭《えい》を挫《くじ》き、其の紛《ふん》を解《と》く」（『老子』四章）という言葉を思い出したからである。

この言葉はさまざまに解釈できるであろうが、「一刀両断、ずばりとものごとを割り切るような鋭さを挫き、もつれた糸を根気よく解くほうがよい」の意味、諸橋轍次《もろはしてつじ》氏（注：『大漢和辞典』の編集で有名な漢学者）はこれを「世の中の文化や文明は、条理の整った一つの複雑さ」を持つから、根気よくこれを解いていくのがよいとした、と解説されている。

そして本書はまさに、西洋文明と中国文明と日本文化が「糸のもつれのような紛雑」（諸橋氏の言葉）さでからみあっている日本の政治に「其の紛を解く」という形で迫っているからである。

したがって「快刀乱麻を断つ」ような爽快《そうかい》さを求める者や、「政治劇的カタルシス（注：うっぷんばらし）」を求める者は、本書に失望するかもしれない。だがその人は「鋭を挫かず、紛を解かず」で日本の政治を見ていたわけである。それは実相ではない、実相を見ることを拒否するなら、それは何も見ていないということであろう。

こういった本だから、これから本書を読もうとする人は、次のように読めばよいのではないかと思う。こんなことを言うと、いささか偉そうに「読書指導」をしているようになるが、以下は、「漫然と読みはじめ……」た者の結論として、参考までに心に留めておいてくださればば結構である。

まず第一に本書の表題が「日本の政治」であっても「日本の政治学」ではないこと、それを留意しつつ次に「あとがき」を読み、次の言葉が本書の前提であることを知って、その次に冒頭から読みはじめること。「あとがき」には次のようにある。

「この書物の目的は『日本の政治』のいくつかの側面について記述し説明することであって、日本の政治の現在について評論し、日本の政治の将来について唱道《しょうどう》（注：先立って唱《とな》える）することではない。

教室で授業を聞き、試験を受け、単位を取り、卒業しなければならない立場にある学生、文字通りのキャプティヴ・オーディエンス（注：縛《しば》られている聴衆）に対して、教師が一方的に評論と唱道を提供することは、マックス・ウェーバーを俟《ま》つまでもなく、フェアでない。しかし、人間交際のなかで、言葉が認知・評価・指令の三側面を多少とも共存させ、表現が報道・解説・評論・唱道の四側面に多少ともわたることは、避けがたい事実である。

この点を考え、この書物のなかでは評論、とくに唱道にわたることを、気のつく限り、避けたつもりである。

なお、人間の認知自体が選択と構成を出発点とする。この書物においても、私自身の『独断と先入観』が暗黙の前提となっていることは否定できない。そこで、読者に対するフェアネスのため、私自身で気づいている限りのことをお断りすると、この書物の暗黙の前提となっている教理のひとつは、人間の有限性と完成不可能性という教理であり、いまひとつの教理は人間のもつ悪の能力という教理である。なお、これらの教理は、『東洋』、『西洋』、それぞれに、千年単位の伝統を背景にもつ古くからの教理であり、また、『西洋』の法治国家という政治制度の前提をなす教理である」

こういう言葉を読むとまた勝手に『老子』の「五色は人の目を盲《もう》せしむ」（注：第十二章）を連想してしまうのだが、「評論、とくに唱道」で「人の目を盲せしむ」を極力避け、その上で自己の「暗黙の前提」を明らかにしておく、これはまことにフェアネスそのものであり、私は新聞報道もこうあってほしいと思うが、「第六章　正論の政治」を読むと、「第四権力」にこれを求めるのは無理かもしれないという気持ちがする。

「世間の大人」へ

話が横道にそれたが、本書が期待しているのは前述の読者だけでない。

「私が考えてきた読者の第二グループは、『世間の大人』、『堅気《かたぎ》の生活者』である。今日、テレビの大学講座、教養講座、市中の文化センターなどで、多くの老壮年ないし中高年の男女が様々な『勉強』に精励している。そこには純粋な知的好奇心の発露があり、自分の人生と経験を整理する知的な展望の追求がある。こうした知的欲求のもとに書物を読むほどの『世間の大人』、『堅気の生活者』が、日本の生活と政治の見取図をもつ上で、また、新しい知的な視野を拓く上で、この書物がお役に立つのではないか、そう考えている」と。

第三のグループ「外国人（日本語の読める）の日本研究者」の部分は除く。というのは私自身、第一グループでも第三グループでもなく第二グループだからである。もっとも「出版屋で物書き」などという人間は、京極先生の定義の「堅気」に入るのかどうか、少々あやしいが――。

だが一応「世間の大人」であろう。だが私のような読書道楽人間を別とすれば、A5判四〇三ページという本書を読み通すのは、週刊誌のように「寝ころんで」というわけにはいくまい。まして内容が「鋭を挫き、紛を解く」だと、もつれた糸を解いて行くような根気を要するであろう。

途中で投げ出す人もあるかもしれない。だがそうならずに、実におもしろく本書を読んでいく方法がある。それは、読みながらその内容を具体的な政治的事件や現在もしくは過去の政治家にあてはめていくことである。それをやると、京極先生には失礼な言い方かもしれないが、「寝ころんで読める」ほどおもしろいのである。ごく簡単な一例をあげよう。

田中角栄を頭に浮かべて

政治家も人間であり、当然に「有限性と完成不可能性」を持ち、「悪の能力」のある存在である。このことを念頭に置いて第二章第五節の「政治の心理」の中の二「心理的基礎」を田中角栄氏（注：一九一八―一九九三年。一九七二年に首相に就任し、一九七四年に首相を辞職）を頭に浮かべつつ読んでみよう。

本節はその冒頭に、「人々の多様な発想法にはそれぞれに心理的基礎がある。そこで、エルンスト・クレッチマー（注：ドイツの医学者、精神科医）の著書『体格と性格』と『天才の心理学』、および、宮城《みやぎ》音弥《おとや》教授（注：心理学者、東京工業大学名誉教授）の著書『性格』と『日本人の性格』から、気質、性格という心理的基礎と発想法との関連を焦点において、該当する個所を、適宜《てきぎ》、要約紹介しよう……」とあり、ついで(1)気質で分裂質、循環質、粘着質、(2)性格で強気（偏執質《へんしゅうしつ》）、勝ち気（ヒステリー質）、弱気（神経質）という二系統の三分類があり、これがさまざまに結合することによって、政治家のタイプが決まる。

そしてこれで見ると、角栄氏は明らかに循環質の強気（偏執質）である。

次にこの二つの部分を引用させていただく。

循環質

体型の特徴　クレッチマーは循環質は肥《ふと》り型に多いという。肥り型を図式的に説明すると、体は肥り型で厚く、頭は大きく、首は太く短い。胸は厚く下腹が出て、手足は短く幅が広い。顔はひろく丸く、脂肪が多く、下ぶくれである。毛髪はしなやかで、比較的早くはげる。

気質の特徴　社会と分離せず、他人と共生的であるのが、循環質の基本特徴である。そして、躁《そう》状態と鬱《うつ》状態とが大きな周期をなして交代する。ダーウィン（注：進化論を提唱した生物学者）のように、直覚的ないし直観的な洞察力と感覚的具体的な記述、一般に観察、実験などを重んずる実証的思考、また、楽天的で大胆な生命力、自由活発なエネルギーが、この気質で際立《きわだ》っている。

宮城教授によれば、この気質の一般的特徴として、社交的で世話好き、他人にものをくれるのが好き、親切、善良、柔和《にゅうわ》で内罰的である。お喋《しゃべ》りで開けっ放し、明朗で冗談をいう。神経質でなく、こだわらず、常識的で融通《ゆうずう》がきく、活動的、現実的、実際的である、禁欲を拒否し、お洒落《しゃれ》を好み、美食家、愛酒家であり、物欲が強く、酒色の誘惑に弱い、などがある。躁状態の場合は、陽気で強気、活発、明朗、ユーモアに富み、熱烈であり、鬱状態の場合は、陰気で弱気、不活発でもの静かであるが、人情があり、冷たくない。

なお宮城教授は、躁と鬱のどちらが強いかについて菊池寛《きくちかん》（注：作家、文藝春秋社を創設）

のような陽気型と陰気型、活動性について武田信玄、徳川家康、渋沢栄一（注：実業界で指導的役割を果たした実業家）のような活動家型（精力的実際家型）と高浜虚子《たかはまきょし》、正岡子規《まさおかしき》、若山牧水《わかやまぼくすい》のような温和型、以上四つの型に細分している。

政治家　クレッチマーは循環質の人たちの政治活動を(1)勇敢な冒険家と粗野《そや》で民衆的な闘士、(2)スケールが大きく敏腕な組織者、(3)宥和的《ゆうわてき》な術策家、調停者と三分類している。もっとも循環質の金属材質は軟かで、かなりの分裂質が混入した合金になると、強靭《きょうじん》なリーダーになる。合金の結果の冒険家、民衆的英雄の例はブリュッヘル将軍（注：ナポレオンを破ったプロイセンの軍人）とルター（注：宗教改革の創始者）である。

つぎに、勇敢な冒険家で術策家の例はミラボー（注：フランス革命の中心的指導者）である。なお、ミラボーが、ロベスピエール（注：フランス革命期の恐怖政治家）について「この男は、自分の言うことをすべて信じている」と評した逸話《いつわ》は、分裂質と循環質の特徴をよく対比している。（なおここで一言付言すれば、分裂質の政治家として氏は「理想主義の自閉的狂信の極限が有徳の圧制者ロベスピエールにみられる」としておられる）

最後に組織者の例はフリードリッヒ・ナウマン（注：ドイツの政治家、プロテスタント神学者）やヴェルナー・ジーメンス（注：ドイツの電気工学者、実業家）である。また、宮城教授は民衆的な闘士の例に国定忠治《くにさだちゅうじ》（注：江戸時代後期の侠客《きょうかく》）、組織者の例に武田信玄、調停者の例に渋沢栄一を挙げている。

こうして、循環質は状況の発想法を裏付け、具体的な思考と現場に即した行動を特徴とする「党人型」の政治家ないしジャーナリスト、ひろくは「商人」、実業家、経営者、管理職や職長、日常型の健康な生活者などの心理的基礎のひとつをなしている。なお、料亭政治や「英雄色を好み、党人富を積む」頽廃《たいはい》と腐敗は、この気質の反面である。

「政治の心理」の読み方

確かに角栄氏はこの要素を多く持っている。彼が鬱状態になったという週刊誌記事を読んだことがあるが、そういうときでも「人情があり、冷たくない」のであろう。

ただ、「おれは悪かった、相すまないことをした」と思う「内罰的」タイプかどうか。個人の心情の奥底はわかりにくいが、かつて娘さんの一言で総理を辞職したという記事が事実なら、家族に対して「迷惑をかけてすまなかった」という内罰的傾向は案外強いのかもしれぬ。

そしてこれは郷土に対してもあり、それが逆に彼のエネルギーになっているかもしれぬ。だがいかな「角栄嫌い」「角栄批判者」でも、彼がロベスピエールになるかもしれぬという危惧《きぐ》は持つまい。そしてここにもう一つの要素「性格」が作用する。

強気（偏執質）

強気の特徴

宮城教授によると、強気の性格は、自信満々で自我肥大といわれ、過大な自己評価をもち、我《が》が強く、高慢で他人に負けていず、積極的活動的で出しゃばりである。外罰的で他人を疑いやすく、攻撃性が強く、強引で、高圧的、専制的になる。自己中心的利己的で欲が深く、固い信条をもち、誤った感情的な判断をして社会不適応をおこす。

強気には、敗北を考えず妥協を拒否する対人闘争型と目的追求型がある。追求する目的には新宗教の提唱や新発明の実現だけでなく、立身出世や織田信長のような政権獲得もある。なお、強気の原因には、(1)武田信玄、国定忠治のように、もともと循環質の気質で、躁型に鬱状態が混合した場合、(2)佐久間象山《さくましょうざん》（注：幕末期の思想家、兵学者）、内村鑑三《うちむらかんぞう》（注：無教会主義を唱えたキリスト教思想家）のように、分裂質と循環質が混合した場合、(3)山県有朋《やまがたありとも》（注：陸軍軍人、政治家）のように、劣等感を補償した場合がある。

こうして、政治活動についていえば、政権獲得に執念を燃やす職業政治家、法律制定と制度整備に没頭する官僚、倦《う》むことなく政治理想を説くジャーナリスト、いずれも、強気の性格にその心理的基礎のひとつがある。

以上は、この本のほんの一部「政治の心理」の一節を、田中角栄という一政治家を念頭に置いて読んだ一例にすぎない。ということは他の諸章をも、彼を念頭に置いて読めるということ（注：なお著者は別著『「派閥」の研究』でも「『明治の角栄』星亭《ほしとおる》」に言及）。同じように他のさまざまな政治家を念頭に置いて全巻を読んで行くことができるということである。

そういう読み方をすると、一見、とっつきにくそうだが、まことにおもしろい本である。

こんなことを言うと、まじめな著者のお叱りを受けるかもしれぬが、『プロ野球を10倍楽しく見る方法』とかいった本があったが、以上は本書を「10倍楽しく読む方法」なのである。

これで「日本人像」がつかめるかもしれない

『日本人の自伝1――福沢諭吉・渋沢栄一・前島密』（平凡社　一九八一年）
福沢諭吉（ふくざわ・ゆきち）　一八三五―一九〇一年。啓蒙思想家、教育者。
渋沢栄一（しぶさわ・えいいち）　一八四〇―一九三一年。実業家として各種企業を興す。
前島密（まえじま・ひそか）　一八三五―一九一九年。官僚。郵便制度の父。

一大変革期を生きた三人の共通点

平凡社の「日本人の自伝　全25巻」はまことにおもしろい叢書《そうしょ》で、これを全巻通読すれば「日本人像」なるものがある程度は摑《つか》めるかもしれない。

――「かもしれない」と記したのは私自身まだ全巻を通読するに至っていないからだが、今回は第一巻の「福沢諭吉・渋沢栄一・前島密」を取り上げてみよう。

この中の『福翁《ふくおう》自伝』は有名であり、渋沢栄一の『雨夜譚《うやものがたり》』は一部の人にはよく知られているが、前島密の『鴻爪痕《こうそうこん》』はあまり知られていない。

この三人の自伝はそれぞれ特徴があるが、並べて読んでみると、幕末から明治へという一大変革期を生き抜いて来た三人にある種の共通点が見えてくる。これは別々に読んではちょっと気づかないので、この点が、この叢書のおもしろさである。

といってもそれは三人の出生や幼時の境遇や教養が同じだったということではない。共通点とは、三人とも強い実証的精神を持ち、自分に納得できぬ理屈に合わぬことは納得できるまで究明した点である。この点で、まことにおもしろい共通の事例が福沢と渋沢の両方にある。

福沢の話は有名だが、まずそれを記し、次に渋沢の例を記そう。

「……十二、三歳の頃と思う。兄が何か反故《ほご》（注：役に立たなくなった紙）を揃えて居る処《ところ》を、私がドタバタ踏んで通った所が兄が大喝《だいかつ》一声、コリヤ待てと酷《ひど》く叱り付けて、『お前は眼が見えぬか、之《これ》を見なさい、何と書いてある、奥平大膳《おくだいらだいぜんのたいふ》大夫と御名《おな》があるではないか』と大造《たいそう》（注：大層）な剣幕だから、『アア左様《そう》で御在《ござい》ましたか、私は知らなんだ』と云うと、『知らんと云っても眼があれば見える筈《はず》じゃ、御名を足で踏むとは如何《どう》云う心得である、臣子《しんし》の道は』と、何か六《むつ》かしい事を並べて厳しく叱るから謝らずには居られぬ。『私が誠に悪う御在ましたから堪忍《かんにん》して下さい』と御辞儀をして謝ったけれども、心の中では謝りも何もせぬ。『何の事だろう、殿様の頭でも踏みはしなかろう、名の書いてある紙を踏んだからッて構うことはなさそうなものだ』と甚《はなは》だ不平で、ソレカラ子供心に独《ひと》り思案して、兄さんの云うように殿様の名の書いてある反故を踏んで悪いと云えば、神様の名のある御札《おふだ》を踏んだら如何《どう》だろうと思って、人の見ぬ処で御札を踏んで見た所が何ともない。『ウム何ともない、コリャ面白い、今度は之を洗手場《ちょうずば》に持って行って遣《や》ろう』と、一歩を進めて便所に試みて、其時《そのとき》は如何かあろうかと少し怖かったが、後で何ともない。『ソリャ見たことか、兄さんが余計な、あんな事を云わんでも宜《よろし》いのじゃ』と独り発明したようなものだが、是《こ》れ斗《ばか》りは母にも云われず姉にも云われず、云えば屹《きっ》と叱られるから、一人で窃《そっ》と黙って居ました。

ソレカラ一つも二つも年を取れば自《おのず》から度胸も好くなったと見えて、年寄などの話にする神罰冥罰《しんばつみょうばつ》なんと云うことは大嘘《だいうそ》だと独り自《みず》から信じ切って、今度は一つ稲荷《いなり》様を見て遣ろうと云う野心を起こして、私の養子になって居た叔父様の家の稲荷の社《やしろ》の中には何が這入《はい》って居るか知らぬと明けて見たら、石が這入って居るから、其石を打擲《うっちゃ》って仕舞って代りの石を拾うて入れて置き、又隣家の下村と云う屋敷の稲荷様を明けて見れば、神体は何か木の札で、之も取って棄《す》てて仕舞い平気な顔して居ると、間もなく初午《はつうま》（注：二月最初の午《うま》の日におこなわれる稲荷神社の祭り）になって、幟《のぼり》を立てたり太鼓を叩いたり御神酒《おみき》を上げてワイワイして居るから、私は可笑《おか》しい。『馬鹿め、乃公《おれ》の入れて置いた石に御神酒を上げて拝《おが》んでるとは面白い』と、独り嬉《うれ》しがって居たと云うような訳けで、幼少の時から神様が怖いだの仏様が難有《ありがた》いだの云うことは一寸《ちょい》ともない。
卜筮呪詛《うらないまじない》一切不信仰で、狐狸《こり》（注：キツネやタヌキ）が付くと云うようなことは初めから馬鹿にして少しも信じない。子供ながらも精神は誠にカラリとしたものでした」

福沢諭吉的実証的精神、渋沢栄一的実証的精神

これに続いて巫女《みこ》のような女が諭吉だけは敬遠したという話が出てくる。

彼の場合は、表には出さないが、その内心での旺盛な実験精神、同時に経験則を尊重していく実学的傾向がやや理づめにあらわれているが、栄一の場合はこれと違って、現実問題にいきなり取り組んで、相手を論破して追い返してしまうところが少々違う。次に引用しよう。

「自分には姉が一人あるが、その姉が病気の為に、両親は勿論《もちろん》、自分も大いに心配もし困難もしました。或時《あるとき》、親戚の人から、この病気は家に祟《たた》りのある為だから、祈禱《きとう》をするがよいという勧誘を納《い》れて、父が姉を連れて、転地保養旁《かたがた》、上野《こうずけ》の室田《むろた》という処へ行かれたことがある。……さてその留守中に、家にあるという祟りを攘《はら》うために遠加美《おかみ》講というものを招いて、御祈禱するということで、両三人の修験者《しゅげんじゃ》が来て、その用意に掛《かか》ったが、中坐と唱える者が必要なので、その役には、近い頃、家に雇い入れた飯焚《めしたき》女を立てることになった。

而《しこう》して室内には注連《しめ》を張り、御幣《ごへい》（注：神祭用具の一つで、紙や布を切り、細長い木や竹には

さんで垂《た》らしたもの）などを立てて、厳《おごそ》かに飾付をし、中坐の女は目を隠し御幣を持って端《たん》坐《ざ》（注：正座）して居る。その前で修験者は色々の呪文《じゅもん》を唱え、列坐の講中信者《こうじゅう》（注：組織的にまとまった信者たち）などは、大勢して異口同調に、遠加美という経文体《きょうもんたい》のものを高声《たかごえ》に唱えると、中坐の女、始めの程は眠って居る様であったが、何時《いつ》か知らずに持って居る御幣を振り立《たて》るのを見て、修験者は直《ただ》ちに中坐の目隠しを取ってその前に平身低頭して、何れ《いず》の神様が御臨降であるか、御告《おつ》げを蒙《こうむ》りたい抔《など》といって、夫《それ》から当家の病人に付いて、何等《なんら》の祟りがありますか、何卒《なにとぞ》御知らせ下さいと願った。スルト中坐の飯焚女めが、如何《いか》にも真面目になって、この家には金神《こんじん》と井戸の神が崇る、又この家には無縁仏があって、それが崇りをするのだ、とサモ横柄《おうへい》に言い放った。

それを聞いた人々の中でも、別して（注：とりわけ）初めに祈禱を勧誘した宗助の母親（栄一の大叔母）は、得たり顔になって、ソレ御覧、神様の御告げは確かなものだ、成程《なるほど》老人の話に、何時《いつ》の頃か、この家から伊勢《いせ》参宮に出立《しゅったつ》して、それ限り帰宅せぬ人がある、定めし途中で、病死したのであろうということを聞いて居たが、今御告げの無縁仏の祟りというのは、果してこの話の人に相違あるまい、ドウモ神様は明らかなものだ、実にありがたい、而《しこう》してこの祟りを清めるには、如何《いかが》したらよかろうという所から、又中坐に伺って見ると、それは祠《ほこら》を建立《こんりゅう》して祀《まつ》りをするがよいといった」

省略したが、諭吉の所に来た女もこれに似て、「誰にでも御幣を持たして置いて何か祈ると、其人《そのひと》に稲荷様が憑拠《とっつ》くとか何とか云って、頻《しき》りに私の家に来て法螺《ほら》を吹いて居る」。諭吉はおもしろがって「ソリャ面白い、遣《や》って貰《もら》おう、乃公《おれ》が其《その》御幣を持とう、持って居る御幣が動き出すと云うのは面白い、サア持たして呉《く》れろ」と言うと「坊《ぼん》さん（注：坊っちゃん。つまり、子ども）はイケマヘン」と言った。

そこでその女をからかった記述が出てくるが、似たような祈禱師のようなものが当時は数多くいたのであろう。もっとも現在でも、新興宗教などで似たようなことがおこなわれているから、これは単純に昔の話ともいえない。栄一のこれへの態度は、諭吉と共通点があるが同じではない。

「……全体、自分は最初から、かような事はせぬがよいと言ったけれども、弱年者のいうことだから、採用しられなかったが、愈々《いよいよ》祈禱をするに付いては、何か疑わしき処もあったらばと思って始終注目して居たが、今無縁仏というに付いて、その無縁仏の出た時は、凡《およ》そ何年程前の事でありましょうか、祠《ほこら》を建てるにも、碑《ひ》を建てるにも、その時が知れんければ困りますといったら、修験者は又中坐に伺った。スルト中坐は凡《およ》そ五六十年以前であるというから、又押返して、五六十年以前ならば何という年号の頃でありますかと尋《たず》ねたら、中坐は天保《てんぽう》三年の頃であるといった。

処《ところ》が天保三年というと今から二十三年前の事であるから、そこで自分は修験者に向《むか》って、只今御聞きの通り、無縁仏の有無《うむ》が明らかに知れる位《ぐらい》の神様が、年号を知られぬという訳はない筈《はず》の事だ、こういう間違いがあるようでは、丸で信仰も何も出来るものじゃない、果して霊妙《れいみょう》に通ずる神様なら年号位は立派に御分《おわか》りにならねばならぬ、然《しか》るにこの見易《みやす》き年号すらも誤まる程では、所詮《しょせん》取るに足らぬものであろう、と詰問《きつもん》を放った処が、宗助の母親は、横合《よこあい》から、左様《さよう》な事をいうと、神罰が当るという一言を以て、自分の言葉を遮《さえぎ》りましたけれども、明白な道理で、誰にも能《よ》く分った話だから、自然と満坐の人々も興をさまして、修験者の顔を見詰めた。

修験者も間が悪くなったと見えてこれは何でも野狐《やこ》が来たのであろうと言い抜けた。野狐のいうことなら猶更《なおさら》祠を建るの、祀りをするのということは不用だというので、詰《つま》り何事もせずに止《や》めることになったから、その修験者などは、自分の顔を見て、さてさて悪い少年だ、と言わん計《ばか》りの顔付でにらみました」

おもしろいことはこれは、諭吉、栄一とも十五、六歳のときの思い出である。というのは一八五〇年から五五年、嘉永《かえい》から安政《あんせい》のころであり、二人ともまだ西欧的なものにまったく触れていない少年（といっても当時の感じではすでに青年）である。

前島密の十四歳の相続争い

では同じ年代で同じ年頃の前島密はどうであったか。『鴻爪痕』は未完の作であり、また前二著のように気安く語ったものではないが、彼は十四歳のときに養家の義兄との間に相続争いがあり、暴力的かつ威圧的に、既成事実を押し通そうとする義兄文徳と、あくまでも筋を通して法的に争った経過が記されている。

なお彼は生まれた年に父を失っており、母に育てられ、幼少時代の境遇はこの三人の中で最も不遇である。

「翌年（注：嘉永元年・一八四八年）晩秋、糸魚《いとい》川《がわ》の知人、書を送り告げて曰《いわ》く相沢文仲氏（養父）は宿痾《しゅくあ》療養の為《た》め京都に上る途次、越中滑川《えっちゅうなめりかわ》に於《おい》て余症を発し病死せり。足下《そっか》（注：貴殿、あなた）の知らざるを憫《あわれ》みこれを報ずと。試に日数を算すれば、その書を発したるより已《すで》に月を越えたり。然るに母よりは一報も無《な》し。余《よ》はこれを怪《あやし》みて必定《ひつじょう》叔父の家に変ありしものと思い直《ただち》に帰国の途に上れり。

途次生家に到り、家兄に問うに彼も亦《また》これを知らず。茲《ここ》に於て余は文徳の悪策なるを推知し、危険の虞《おそれ》有るを顧みず、単身勇を鼓《こ》して相沢の家に帰れば、果して文徳は一棒を提《さ》げ出《い》でて叫んで曰《いわ》く、汝は亡命人（出奔《しゅっぽん》した者）なり。この家は我已《われすで》に相続し、官私に係る諸般の手続を完《まっと》うせり。汝亡命者の入る可《べ》き門に非《あら》ず。強《し》いて入らんとすれば之《これ》を用いんのみと、棒を按《あん》じて（注：なでさすって）脅《おど》せり。是に於て母の在所を問えば、彼女は我が相続に対し、異議を唱えたるを以《もっ》て他に託して幽閉し置けりと云う。

余は瞬時その暴動（注：ひどいふるまい）に呆然たりしも、亡叔父文仲は余の艱苦《かんく》に耐え得るや否やを試験せん為め、所謂《いわゆる》獅子《しし》のその子を渓谷《けいこく》に投ずる計を執《と》れるなりと藩士筧《かけい》某に明言せし事ありて、筧氏の証言も有り、その他種々の挙《あ》ぐ可《べ》き証事ありて、亡命せし者に非《あら》ざるは人の知れる所なるも、現場に於てこれらを抗言するの非なるを感じたれば、余は汝の暴動に屈して黙止するにも非ず、証言無くしてここを去るにも非ず、唯《ただ》実兄に任じて抗議せしむるを以て可とするなりとの語を遺《のこ》して退《ひ》きたり。

他に就きて母の所在を知り、面晤《めんご》（注：面会）して愈々《いよいよ》彼れ文徳の乱暴を痛憤せしが、母の健在は何よりなりと祝して糸魚川を去り、生家に帰って兄にその詳細を告ぐれば、（注：以下「……すべし」までが兄の言葉）これは不問に置くべきに非ず、直《ただち》に法廷に訟《うった》う可し。場合に依《よっ》ては刑事訴訟に及ぶべきやも知るべからず。我は諸般の事に任じて解決すべしと云う。余も亦《また》これを諾《だく》し兄に一任せり。

この事たる理否極《きわ》めて分明《ぶんめい》なるも、彼《か》の文徳の頑冥《がんめい》なる、その親族の執拗《しつよう》なる、遂に法廷を煩《わずらわ》すに至れり。然るに余が生家の地は幕府の所領なるより、その代官庁と糸魚川藩衙《はんが》

（注：藩の役所）との交渉有り。然るに同藩の小なる、法衙《ほうが》（注：裁判所）にその人も無く、形式さえも弁《わきま》えず、因循苟且《いんじゅんこうしょ》（注：ぐずぐずしているし、その場しのぎばかりで）年を重ねて裁決せざりしが、漸《ようや》く文徳等はその非を覚《さと》り、或《あ》る仲裁者に依て和議を乞《こ》うに至れり。その条件は金三百両（当時の大金）を余に与えて生家に復帰せしむると云うに在り。

余はその報に接し思惟《しい》するに、元来余は糸魚川の僻地《へきち》に於ける相沢氏を継承してその処に住居せん事を欲する者に非ず。正理の我に在るを明かにし、且《かつ》これを証するに若干金を以てせば、異議無く満足するものなり。況《いわ》んや三百金を贈るに於てをや。余の胸算に依れば三百両は大金なり……これを三分し、約その一を以て訴訟費とせば十分ならん。他を以て兄の労を謝し、且《かつ》母の生計に供し、その余を以て余の学資と為さば足るべしと。軽忽《けいこつ》に（注：そそっかしく、いい加減に）その条件を可なりと速断し、これに依て事件は終局を結びたり。

然るに何ぞ計らん、兄の精算に依れば、訴訟費たる借金の元利を償《つぐな》い、且つその他の入費を償うときは金二三十両を残すのみならんとは。余豈《あに》呆然たらざるを得んや。然るに母は曰く、この事たる我に損害無くして、正理有るを公表したれば甚《はなは》だ慶すべし。我は已《すで》に生計の見込立ちたれば憂《うれ》うるなし、汝の苦難は是れ天与の大研究なりと。是《ここ》に於て母は古哲（注：昔の偉大な賢者）の和歌を添えて余を激励せられたり。……」

明治をつくった西欧的でないもの

以上の三人は当時はいずれもまだ西欧文明に接していない少年である。しかしその考え方はきわめて合理的かつ実証的で近代的・西欧的といえる面がある。

一体、彼らのこの精神を涵養《かんよう》したのが何であったか、探究すべきおもしろい課題であろう。というのは、福沢については更《あらた》めて記すまでもないが、一時、渋沢は民部省改正掛《がかり》、前島はすぐその下にいて、西欧を模範に多くの制度改革をおこなった。

それは一見西欧化だが、それをおこないうる精神的基礎はすでに少年時に形成されていた。ということは明治を形成したものは必ずしも西欧の影響のみとは言い切れない、何か別の基本的な要素があったことを示しているからである。

日本軍の「典・範・令」

「操典」　軍隊で、歩兵、砲兵など兵科ごとに戦闘や訓練の方式、兵の運用法を定めた教則。

「教範」　軍事教練関係の教科書の総称。

『作戦要務令』　一九三八年、日本陸軍がつくった一般将校のための戦術指導書。

『軍隊内務令』　内務班（軍曹以下の兵で組織された居住単位）における行動規範。

私が手許に置いている本

変な本を取り上げたが、「典《てん》・範《ぱん》・令《れい》」の三文字に象徴される本は、私が日本軍について何かを書くとき、必要に応じて参照できるように常に手許《てもと》に置いている本だからである。というのは人間の記憶は、四十年もたつと少々あやしくなっており、嘘を書くつもりはなくても間違いもし、勘違いもする（注：一九八五年時点）。そういうとき必要に応じて「典・範・令」で確かめる。

これは軍隊内の略語で各種の「操典」「教範」および『作戦要務令』と『軍隊内務令』の

ことである。と同時に、何か日本軍について書いたものを読むとき、その人が本当に軍人で戦争体験者なのか否かを調べるにも役に立つ。そして時には「おかしいな」と思って調べてみて自分のほうの記憶違いであったことに気づく場合もある。

たとえば「文藝春秋」二月号（一九八五年）の「朝日新聞『毒ガス写真』誤用事件」（鵜飼《うかい》敏定《としさだ》氏）を読んでいるとき、「制毒」という言葉が出てきた。

「まてよ、これは除毒と消毒じゃなかったかな」と思いつつ『作戦要務令』を見ると「制毒」であり、これは私のほうの記憶違いであったことに気づく。

「制毒」などという言葉は一般に使われていない。こういう言葉がごく自然に出て来る人は、専門家ないし経験者である。さらにおもしろいのは、この写真を朝日新聞に提供したAさんの記事には「全員が防毒マスクをつけて待機」と出ているが、「文藝春秋」の鵜飼敏定氏の記述は「その作戦に参加した兵士たちは『防毒面をつけた記憶はない』」と証言しているとなっている。

言うまでもなく「防毒マスク」という言葉は軍隊にはない。さらに厳密にいえば『作戦要務令』には毒ガスという言葉はなく「瓦斯《ガス》」であり「撒毒《さんどく》」だが「瓦斯撒布《さんぷ》」という言葉を使っている。

この「毒」とは液体のイペリット（注：皮膚などをただれさせる毒ガス。別名マスタードガス）のこと、液体をガスというのはおかしいから、こう分けたのであろうが上記のような表現上の混乱はある。いずれにせよ「毒瓦斯」という言葉はないが、軍隊内の俗語では「毒ガス」とか「液状ガス」などという変な言葉はあった。

こういう場合、軍隊内俗語が不用意に出て来て、それが「典・範・令」の正規の用語と違う場合もある。したがってそれらの俗語がある場合には、逆に、その人が専門家ないしは経験者であることの証拠となるであろう。

こういった俗語を使用して「それは正しくない」と指摘された経験は私にもある。それは砲弾（注：火砲＝〝小銃などの火器より口径の大きな兵器〟の弾薬）についている「弾帯《だんたい》」である。これは、砲腔《ほうこう》（注：砲身内部の空洞部）を摩滅《まめつ》・損傷させないよう、砲弾には銅の帯状のものが巻いてあるのだが、兵士はこれを「銅帯」と言っていた。

確かに「銅の帯」だからいつの間にかそういう俗語が生じたのであろう。これを使ったところが、「弾帯」が正しいと指摘された。正規の名称は確かに指摘の通りである。ただこの人は正直に「私は軍隊経験はない、必要があって砲兵操典を読んだだけだ」と言っていた。

「瓦斯」をめぐって

「瓦斯」について『作戦要務令』にだいたい十九ヵ所に規定があるが、そのほとんどがイペリットへの対応方法であって、それを読むとイペリットの「撒毒」は元来防御側がおこなうもので、攻撃側がおこなうものでないという前提で書かれていることがわかる。

たとえば次のような規定である。

「撒毒ヲ予期スル地域又ハ既ニ偵知セル撒毒地域若《も》クハ一時瓦斯滞留地域ノ細部ノ捜索ヲ必要トスルトキ等ニ於テハ特ニ瓦斯斥候《せっこう》ヲ派遣スルヲ通常トス。

瓦斯斥候ハ瓦斯勤務員ヲ主体トシ要スレバ連絡、掩護《えんご》等ニ任ズル人員ヲ加ヘ又所要ノ防毒具、検知及標示器材等ヲ携行セシムルモノトス。

撒毒地域細部ノ捜索ニ任ズル斥候ハ瓦斯撒布ノ有無ニ注意シツツ前進シ撒毒地域、瓦斯ノ種類及《および》効力、撒布状態、安全通路、制毒ニ便ナル地域、制毒ノ方法及所要材料、要スレバ通過ノ要領、迂回路ノ有無及価値、為シ得レバ撒毒地域ニ指向セラルベキ敵ノ火器ノ位置及種類等ニ関シ任務上必要ナル事項ヲ捜索シ且所要ノ標示ヲ為スモノトス」

といったようなものである。もちろん、これに基づく「教範」があるであろう。私は「化兵（注：正規のガス訓練を受けた下士官や兵）」ではないからそれについては知らないが、ある程度は、予備士官学校で具体的に教育・訓練をされた記憶がある。それに基づくと、『作戦要務令』の仮想敵はソビエトであり、ソビエトは膨大《ぼうだい》なイペリットを貯蔵しているという情報があったらしい。

日本軍の攻撃を受けた場合、そのイペリットを幅広く帯状に撒布して撤退する。追撃する日本軍が撒毒地帯にぶつかる。そこで停止せざるを得ない。先方にはどの線で停止するかわかっているから、そこへの諸元《しょげん》（注：寸法や重さなど）を正確に出しておいて徹底的に砲撃する。

こういう場合は通常やや後方に弾幕を張り（注：多数の弾丸を隙間《すきま》なく発射し続け、弾丸の幕を張ったようにすること）、退路を絶《た》っておいて、射距離を徐々にちぢめる。前は撒毒地帯、後ろから徐々に弾幕が迫ってくるという状態に追いこまれる。この危険を防ぐため、予《あらかじ》め瓦斯斥候に捜索させるわけである。

だが捜索は必ずしも成功するとは限らない。以上のような情況に陥った場合どうするか。

「撒毒地域ハ速カニ之ヲ捜索スルヲ要ス。而シテ撒毒地域ニ遭遇セル部隊ハ自己ノ任務ニ支障ナキ範囲ニ於テ迂回スルヲ得《え》バ便ナリト雖モ之ヲ許サザル場合ニ於テハ軽易ナル防毒具ヲ使用シテ通過シ所要ニ応ジ制毒ノ処置ヲ講ズルモノトス。状況之ヲ要スレバ縦《たと》ヒ防毒具ヲ欠クモ強行通過ヲ行フニ躊躇スベカラズ。

制毒ノ為ニハ戦況、撒毒地域ノ状態、使用スベキ資材等ヲ考慮シ制毒ノ目的実施ノ要領、時期、実施部隊、掩護部隊要スレバ爾後《じご》（注：以後）之ヲ利用スベキ部隊ノ行動等ニ関シ必要ナル事項ヲ命ズルモノトス、而《しか》シテ制毒スルコトナク直チニ強行通過ヲ要スル場合ニ於テハ其ノ通過部隊、掩護部隊、被毒人馬資材ノ応急処置等ニ関シ必要ナル事項ヲ示スモノトス」

これは前記のような情況に陥った場合、むしろ強行突破した後で処置をしたほうが損害が少ないということであろう。

もちろん、撒毒が攻撃に使用される場合はある。一部で報じられたカンボジアやアフガニスタンにおける「黄色の雨」である。日本軍はこれを「瓦斯雨下《うか》（注：雨のように盛んに降りそそぐこと）」といい、ソビエトはこれを行う能力があると当時すでに考えていたらしい。

「瓦斯警報ヲ聞クカ若《も》クハ瓦斯ヲ被《こうむ》ラントスルトキハ直チニ比隣《ひりんあい》相伝ヘ各自迅速ニ装面（瓦斯雨下ニ対シテハ先《ま》ヅ防毒覆《おおい》ヲ装著《そうちゃく》）スベシ、防毒面及防毒覆ノ脱除ハ通常小隊長以上ノ命令ニ依ルモノトス」

こういった規定が大部分だが、これらを裏返して読んで行けば、日本軍もこれをおこない得るということである。もちろんこれにはその能力があればという前提があり、「瓦斯雨下」の能力はなかったものと思われる。だが、たとえば次のような規定は裏返しに読めば、日本軍もこれをおこない得るということである。

「陣地戦ニ在リテハ敵ハ瓦斯ヲ大規模ニ使用スルコトアルヲ以テ之ニ対スル捜索、警戒及防護ニ関シ特ニ周到ナル処置ヲ講ズルヲ要ス」

これなどは裏返して読めば日本軍がこれをおこない得る可能性があるということだが、しかし通常の瓦斯では相手が防毒面を持っていればほとんど効果は期待できない。

鵜飼敏定氏はジュネーブ協定議定書にある毒ガスは、くしゃみガスや催涙ガスでなくイペリットを指す旨、指摘され、何もかもひっくるめて「毒ガス」というのはおかしいといわれているが、催涙《さいるい》ガスまで毒ガスというなら「七〇年安保」騒動のとき機動隊はこれを使用している。

私はそのとき偶然に駿河台《するがだい》におり、目をぴりぴりさせながら、機動隊が駿河台下にガス弾を投射しているのを見ていたが、そのときすぐ、三十年近い昔の「瓦斯訓練講堂」のことを思い出した。私はこの訓練は連隊の全員が受けていたのかと思っていたが、実は幹部候補生だけだったらしい。

七〇年安保のときこれを取材に来ていた新聞記者もおられるはずだから、その人たちは霞《かすみ》のような感じのガスが低く低く滞留していく状態が煙幕《えんまく》とはまったく違うことにすぐに感づかれたことと思う。その感じは防毒面をつけて入った瓦斯訓練講堂の中の感じとよく似ていた。もっともガスの濃度ははるかに濃かったが――。以上の逆もある。

「陣地攻撃ニ在リテハ特ニ攻撃準備間及陣地前ニ於テ敵ノ組織的瓦斯使用ニ会スルコト少カラザルヲ以テ各部隊ハ予《あらかじ》メ之ガ対応ノ処置ニ遺憾ナキヲ要ス」

この場合は攻撃側が防護面をつければよいわけだが、実際問題としてはこれは苦しい。防護面は吸気は浄化されて入って来て、呼気はそのまま吐き出せるように、ゴム製呼気弁がついている。だが吸気が相当に窮屈になって息苦しく、その上、顔をべったりとゴム布でおおったような形になるので、訓練のとき、これをつけて駆け足などやらされると、訓練より「私的制裁」的な気分になる。

何しろ夏などは汗が顎《あご》のところにたまってくる。そして視界が限定される。これが防護衣となると全身をゴム布で包むから、夏などはたまったものではない。

だがいずれにせよ、イペリット以外の単なる「瓦斯」なら、機動隊でも使用している程度のもので、防毒面のある限り銃砲弾ほど恐ろしいものではない。そこで『作戦要務令』の主文が「瓦斯」でなく「撒毒」になるわけであろう。

「チビ」という毒ガス

「典・範・令」はいわば天皇制定のマニュアルで、『作戦要務令』の冒頭に「勅語《ちょくご》」があり「朕多年ノ経験殊《こと》ニ最近軍事ノ進運ニ稽《かんが》ヘ茲《ここ》ニ作戦要務令ヲ制定ス各々研鑽応用其ノ宜シキヲ得以テ本令ノ趣旨ヲ完《まっと》ウセンコトヲ期セヨ」「朕作戦要務令ヲ制定シ之ガ施行ヲ命ズ御名御璽」とあり、「建前上」は絶対化されていた。

だが、中国戦線で催涙ガスやくしゃみ性ガスが使用されたことは、すでに『私の中の日本軍』（文藝春秋）で記したように事実である。といっても私の場合は砲兵だから、瓦斯弾射撃の教育を受けたというだけで、実戦で使用した経験はない。というのはアメリカ軍はみな防護面を持っているから効果がない。ただ中国軍は防護面を持たない場合が多かったので、前記のガスが使われたものと思う。

確か催涙性を緑筒、くしゃみ性を赤筒といった。ただ日本軍は貧しく、また補給力が甚《はなは》だしく貧弱であったから、朝日新聞の写真に見られるような「浪費」をやった例があるとすれば、きわめて例外的であっただろう。私の受けた教育などはもっと倹約に徹したものであった。

攻撃の場合、一番恐ろしいものは、巧《たく》みに隠された側防火器（注：正面から来る敵に、側面から射撃できるように設けた陣地などにある火器）である。陣地は俗にトーチカといわれた火点（注：自動火器が備えてある陣地）が連鎖的に連なり、その前に低鉄条網《てつじょうもう》がある。これを鉄《てっ》線鋏《せんばさみ》で切って突撃路を開く。相手はこれに向かって猛射をあびせる。その間攻撃部隊は低鉄条網の前で、横一線になったような形で釘《くぎ》づけになってしまう。側防火器はこのチャンスをとらえて、横から掃射《そうしゃ》する。これをやられると大損害を受ける。そういう場合、側防火器と、鉄線鋏を用いている兵士の前面の火点に、催涙弾を射ちこんで射撃を不能にする。

簡単に言えばこういったことだが、風向・風速が問題になる。風がうまくトーチカの銃眼のほうに吹いてくれれば効果があるが、逆に吹いていると味方に目つぶしをくわせる結果になる。その危険を防ぐため防護面を装着するといったようなことであった。

これは低鉄条網やトーチカまたは洞窟《どうくつ》陣地を、砲撃で破壊することは実際にはきわめて困難だったからである。硫黄島《いおうじま》のように、日本軍では想像もできないような艦砲射撃と爆撃の恐るべき浪費をおこないながら、ほとんど効果をあげていない場合もある。

『作戦要務令』にも新聞にも出て来ないが、以上のほかに「試制手投丸瓶」（俗称または暗号が「チビ」）があり、これは使用されたはずである。「はず」といったのは私はその現物を見せられ、使用法と使用例とを教育されたからだが、日本軍が本当に使用した「致死性毒瓦斯」はこれだけではないかと思う。

そして、なぜこれが登場しないのかは私には不思議である。もっとも中国戦線では登場しなかったであろう。というのは対戦車兵器だからである。これは野球のボールぐらいの硬質ガラスびんの中に無色の液化青酸ガスが入っている。青酸ガスだから青酸カリ同様、吸いこめば一瞬にして死ぬ。しかし空気より軽いから、持続的効果はない。

これを突進して来る戦車に正面から投げつける。びんが割れて中の戦車兵は否応なくこれを吸う。数分で蒸発・上昇してしまうから、無傷で敵戦車が鹵獲《ろかく》（注：敗れた敵から兵器などを奪うこと）できるという話であった。

兵器不足に悩む日本軍らしい発想で、多少使われたかもしれぬが、戦後これが問題化していないところを見ると、一、二の成功例にとどまったのかもしれない。

私はフィリピンにいたわけだが、対戦車兵器としてそれを支給されたこともなく、支給されたという話も聞いたことがない。学校の講義だけの産物であったのかどうか、それはわからない。

マニュアルで記憶を修正

戦後すでに四十年、日華事変からもう半世紀近い。太平洋戦争が終わった年が日露戦争から四十年目ということを考えると、「瓦斯」と「撒毒」と「煙幕」の区別がつかなくなることも無理はあるまい。

従軍記者が終戦時三十歳ぐらいだとすると、それらの人もすべて定年退職であろう。こうなると、現場の経験者は新聞社内に一人もいないのがおそらく現実であろう。

こういう場合、正確を期するため最低限必要なことは、その時代の「マニュアル」を調べてみること、そして不審な点は経験者に聞いてみることであろう。経験者ですら、記憶違いがあるが、マニュアルで記憶を修正することが出来るからである。

さらに『作戦要務令』を通読すると、日本軍なるものの実態がある程度はつかめることである。その一例をあげよう。日本軍はどれだけの機動力を持っていたか。

「一日ノ行程ハ状況ニ依リ差異アリト雖モ連日行軍スル場合ニ於ケル標準左ノ如シ

諸兵連合ノ大部隊ニ在リテハ約二十四粁《キロメートル》

騎兵ノ大部隊ニ在リテハ四十乃至《ないし》六十粁

自動車編制部隊ニ在リテハ諸般ノ状況ニ依リ著《いちじる》シキ差異アルモ自動車中隊及之《およびこれ》ニ準ズル部隊ニ在リテハ百粁内外」

新幹線と車の時代、ナナハン（注：排気量七五〇ccのオートバイ）をすっとばす時代と比べると、これはむしろ大名行列の速度に近かろう。

最近あるものを読んで、どうもその人の頭の中では、四十年前の状態と現代とがごっちゃになっているのではないかと感じた。日本軍は確かに、まだまだ研究すべき多くの問題を持つ。だが、それをおこなうにあたって、基本資料を無視した創作をおこなうべきではあるまい。

第二章

精神を読む

「アラブ」「イスラム」を発見

『アラブの歴史上・下』（岩永博訳　講談社学術文庫　一九八二―八三年）
フィリップ・フーリ・ヒッティ　一八八六―一九七八年。レバノン生まれ。プリンストン大学教授等を歴任した、アラブ史研究の最高権威。

文句のつけようがない決定版

〝読んだ本から〟でなく「私の本棚から」と題する連載だから、まだ読まない本も、読みかけの本も、紹介してよいのかもしれぬ。しかしそれは少々気がひける――。

こんなことを書いたのも実は、今回紹介しようと思ったヒッティの『アラブの歴史』は実は読みかけなのである。だが、読みかけでありながら、一日も早く紹介したいと思ったのは、実は、それなりの理由があるからにほかならない。

著者のフィリップ・フーリ・ヒッティはレバノン生まれのレバノン人、ベイルートのアメリカ大学を卒業して一九一三年に渡米、後に市民権を得、プリンストン大学教授として、アメリカにおける「アラブ史学」の基礎を置いた人だ。

私の記憶にあやまりがなければ、ヒッティの『アラブの歴史』を耳にしたのは戦前である。まず「旧約聖書を理解しようと思うならセム族（注：セム語系の言語を用いるアラブ人、ユダヤ人などの民族）の歴史を無視してはならない。最も良い本がこれである」と言われ、ついで「近く日本語に訳される」と聞いた。

そう言われたのは比較宗教史家の比屋根安定《ひやねあんてい》先生（注：著者の中学生時代からの師）だったと思うが、そこのところは定かでない。しかし今回入手した講談社の版の訳者序によると、初版が上梓《じょうし》されたのが一九三七年とあるから、戦前に私の耳に入っていても不思議ではない。またこの翻訳を当時、誰かが企画しても不思議ではない。戦争直前から戦時中にかけて、たとえば生活社の「ギリシア・ローマ古典双書」（という名称だったと思う）のような、実に意外なものが出版されているからである。

戦後に、故長崎次郎氏（注：長崎書店店主、新教出版社初代社長）に「なんで戦時中にああいう文化的水準の高い本が出版されたのですか」とたずねたところ、「言論統制にひっかからず文化的水準の高いものを出そうとすると、あの方向以外になかったですな」とのことであった。

あの軍部でもギリシア・ローマの古典では文句のつけようがあるまいが、『アラブの歴史』はさらに文句のつけようがないはずである。「アジアは一つ」でそれが「打って一丸《いちがん》となって英米侵略者に対して立ちあがる」となると、当時日本人の「観念的アジア観」では、アラブも日本と「打って一丸」になってしまうからアラブの歴史の出版に文句がつけられるはずがない。

だがやがて私は軍隊にとられ、『アラブの歴史』どころではなくなってしまった。

だがこの記憶が、戦後、後に紹介するヒッティ著『レバノンの歴史』（山本書店）を出す機縁になったわけだが、そのとき確か矢島文夫氏（注：オリエント学者。人類最古の文学といわれる『ギルガメシュ叙事詩』を山本書店から翻訳出版したことで有名）と雑談しているとき、やはりこの本が話題になり、そのとき氏が「戦時中あの本を出版する企画があったようですな、それが戦争がひどくなって取りやめになったようです」と言われた。したがって戦前に聞いた話は、根も葉もないものではなかったようである。

話がだいぶ横道にそれたが、そういう経過があって、長い間、いつかは読みたい読みたいと思っていた本がやっと手に入ったわけである。少々興奮して、読みかけで「こんなすばらしい本があるのだ」と言いたくなっても、それなら無理もないな、とご了解いただければ幸いである。

だが、上下で一五〇五ページというこの大著を要約して紹介することは、少々私の手に余る。確かにこの本の初版は一九三七年だが、一九七八年に著者が死去されるまで絶えず改訂・増補を続けられた本だから、俗にいう「もう古い」ものではない。そしてその全体的な印象は、後に紹介する辻善之助《つじぜんのすけ》博士著『日本文化史』のアラブ版といった感じがする。

訳者の岩永博氏が序文で書かれているように、まさにその「内容は、測りしれぬ深遠さと総合性で読者を圧倒し感銘を与える。しかも、著者は該博《がいはく》な古典と歴史の知識を各所に駆使して、興味ある古典中の歴史挿話《そうわ》、人物描写や箴言《しんげん》・俚言《りげん》を引用して、各時代の歴史の息吹きを生々しく伝えている。こうした点で、本書は歴史的存在感の強く溢《あふ》れる、アラブ史の決定版と云いえよう」である。凡百のアラブ紹介書より、この一冊であろう。

イスラム以前のアラビア

内容をゆがめるかもしれないが、数個所を恣意的《しいてき》に引用させていただく。

まずベドウィーンについて――

「砂漠は、その住民にとっては、住居以上のものであり、自己の神聖な伝統の擁護者、言語と血の純潔の保存者、外冦《がいこう》を防ぐ防衛の第一線で、最前線である。砂漠における水の欠乏、灼熱《しゃくねつ》の暑気《しょき》、路《みち》なき道、食料供給の欠如――ふだん、敵であるものすべて――が、危機には強力な同盟者となる。アラビア人が異国人の軛《くびき》にほとんどまったく首を下げようとしないのも不思議ではない。

砂漠の居住地の継続性、単調さ、乾燥性は、ベドウィーンの体質や精神の構造にそのままに反映されている。解剖学上では、ベドウィーンは神経と骨と筋の束《たば》にすぎない。土地の貧弱さと不毛さが、ベドウィーンの体軀《たいく》に示されている。

かれらの日々の食物は、水か乳とともに食べるなつめ椰子《やし》の実とその粉を捏《こ》ねたものか、焼きとうもろこしかだ。衣料は栄養と同じくらい粗末で、帯を締めた一枚の長い下衣（サウブ）と、絵で見馴《な》れた長いひらひらする上衣（アバー）とだ。頭には紐《ひも》（イカール）で止めた頭巾《ずきん》（クーフィーヤ）を被《かぶ》る。ズボンは穿《は》かないし、履《は》き物はほとんど使わない。

粘り強さと忍耐（サブル）は、最高の美徳のようで、他の物がすべて死に絶えるところでも、かれらは忍耐によって生き残る。受動性はこの徳性の裏返しのようだ。受身の忍耐は、いかに運命が苛酷《かこく》であろうとも、自らの置かれた状況の中で状況を変えようとすることより、好ましいとされる。

個人主義がもう一つの著《いちじる》しい特長で、非常に深く身についているから、ベドウィーンは国際的社会の権威ある存在にまで自己を高めることはなかったし、部族との関連を超えた共通の善に奉仕するという観念を発達させることもなかった。規律、秩序、権威への尊敬などは、砂漠生活では重要とされない。ベドウィーンは祈っていう、『おお神よ、私とムハンマドに恵みを垂《た》れたまえ、それ以外の誰にも垂れたまうな』と。イシュマエルの時代以来、アラビ

ア人の手は万人に敵対してきたし、万人の手はかれらに敵対してきた」（三章　ベドウィーンの生活）

第二に、イスラム以前の南アラビアから——

「第二次ヒムヤル王国治下で、ユダヤ教も広く弘布《こうふ》された。ユダヤ人は、おそらく西暦七〇年にチッス（ティトス）皇帝がパレスチナを征服し、エルサレムを破壊した結果、早くから酷烈《こくれつ》な北アラビアの地に進出した。

アラビアのユダヤ人は、かれらの姓名から判断すると、アブラハムの子孫ではなく、むしろユダヤ教徒となったアラム人やアラビア人にちがいない。ヘブライ信仰は、第六世紀初頭にはアル＝ヤマン（北イエーメン）に強い地盤を築いていたので、ヒムヤル王国の最後の王のド＝ヌワース（トッバ＝アスアド＝カーミルの後裔《こうえい》）はユダヤ教に改宗していた。実際、一九四八年〔のイスラエル独立〕以後、十万人のユダヤ教徒の全員がアル＝ヤマンからイスラエルに移住した。

新たに伝えられた二つの一神信仰（ユダヤ教とキリスト教）へ改宗した南アラビア人のあいだで生じた対立が、激しい闘争をひき起こした。明らかに、民族主義的精神をもったド＝ヌワースは、アビシニア（エチオピア）人キリスト教徒の支配を憎悪《ぞうお》する土着キリスト教徒と協力した。このユダヤ教徒の君主は、五二三年十月にナジュラーンで行なわれた、有名な

キリスト教徒殺戮《さつりく》（『コーラン』八五章四節）の張本人とされている」（五章　南アラビアのサバエ国とその他の国々）

イスラム発生前夜から

第三に、「イスラム発生前夜のアル－ヒジャーズ」（注：七章）から――

「おそらく世界中で、アラビア人ほど、文学的表現を熱烈に称讃《しょうさん》したり、口語にしろ文語にしろ言葉によって心をかきたてられる民族はないだろう。アラビア語ほど用いる者の心に抑《おさ》えがたい感銘を与える言葉はまずなかろう。今日のバグダード、ダマスクス、カイロなどの聴衆でも、かれらがかすかに理解できるだけの詩の唱詠《しょうえい》や、また一部だけしか分らない古典語の演説で、極度に興奮させられる。韻律《いんりつ》、脚韻、曲などが『許された魔法（シフル－ハラール）』と呼ぶ効果をかれらに与えるのだ。

典型的セム人であるアラビア人は、独自の秀《すぐ》れた芸術を創造したことも、発展させたこともない。かれらの芸術的天性は、ただ一つの手段である〝物語〟によって発現されている。もしギリシア人がその彫刻や建築でもっとも栄光を輝かしたとすれば、アラビア人は長詩《ちょうし》（カシーダ）、ヘブライ人は讃美歌のなかに、美しい自己表現の方式を発見したのだ。アラビアの格言に、〝人間の美は……その舌の流暢《りゅうちょう》さにある〟と言う。後世の諺《ことわざ》にも〝知慧《ちえ》は三つの物の上に降りる。フランク人（注：ゲルマン民族の一部族）の頭脳、中国人の腕、アラビア人の舌〟ともある。

散文と詩歌《しいか》を用いて自己を強烈かつ高尚《こうしょう》に表現する能力である雄弁は、弓術《きゅうじゅつ》と馬術とともに、ジャーヒリーヤの時代（イスラム発生直前の時代）の『完全人（カーミル）』の基礎的な三つの特質とみなされた。アラビア語の特異な構造は、簡潔な演説、痛烈な警句的方式に絶讃したいほどよく適している」（七章の中の2　言語的影響を残した北アラビア語）

第四に、イスラム発生の時代から――

「異教信仰にとどまったアラビア人はイスラムの領域外にあり、法の保護外におかれた。イスラムは過去を抹殺《まっさつ》した。

酒（ハムル、アラム語からでた）と賭博《とばく》――アラビア人の心にとって、女性についで重要な惑溺物《わくできぶつ》――が、一言《いちごん》のもとに廃止された。これらに劣らず好まれた歌謡も排撃された。旧秩序と新秩序の対照は、アビシニアへ移民したイスラム教徒の代表者だったジャァファル＝イブン＝アビ＝ターリブの述べた経外書《きょうげしょ》（注：正典外の書）の言葉に躍如《やくじょ》として描かれている。ジャァファルはネグス王に語った。

『われわれはジャーヒリーヤ（前出）の者だった。偶像を崇拝《すうはい》し、死んだ動物を食べ、不倫を行ない、家族を見捨て、相互扶助《ふじょ》の契約を破り、強者が弱者を喰いものにしてきた。これがアッラーが、われらのあいだに予言者を送りたもうまでの状態だった。

われわれは予言者の祖先、実直さ、誠実さ、純潔をよく知っている。この予言者こそ、われらとわれらの祖先が崇拝していた石や偶像の崇拝を捨てさせ、われらをアッラーのもとに呼び寄せ、アッラーの唯一性を信じ、アッラーを信奉させたもうた人である。

さらに予言者は、自己の言葉に誠実を尽し、他の者の求めることを行ない、家族とともに居ることを教え、悪をなし、血を流すことを禁じたもうた。予言者は、姦淫《かんいん》を冒《おか》し、偽証《ぎしょう》をなし、孤児から正しい権利を奪い、純潔な女性の悪口をいうことを、禁じたもうた。かれはアッラーのみを信奉すること、神を他の神と同一視せぬことを命じたもうた。かれは、礼拝を守り、ザカート（喜捨《きしゃ》）を捧げ、断食を行なうことを命じたもうた』（八章　ムハンマド、アッラーの予言者）

コーランと聖書の対照

第五に、コーランと聖書の関係から――

「『旧約聖書』中の人物、アダム、ノア、アブラハム（二十五の異なった章で約七十回述べられ、一四章の章名ともなっている）、イシュマエル、ロト、ヨセフ（一〇一もの章がかれに捧げられている）、モーゼ（かれの名は三十四の章にわたって出ている）、サウル、ダビデ、ソロモン、エリヤ、ヨブ、ヨナ（一〇章の章名となっている）は、とくに目立った存在である。

アダムの創造と堕落《だらく》の物語は五回、洪水は八回、ソドムも八回引用されている。実際『コーラン』は、バイブルの他のどこよりも、モーゼの五書と類似点を多くもっている。

これらの物語は、どれも、物語を語るためではなく、道徳を説き、神がこれまでつねに正しい者に褒賞《ほうしょう》を与え、邪悪な者を罰したことを教えるために、教訓的に用いられている。

ヨセフの物語は一番興味深く、写実的に描かれている。これやそのほか、唯一神の招きにこたえたアブラハムの物語（一二章五二節以下）などの場合のような変形は、ユダヤ教のミドラシュ〔聖書注解〕、タルムード〔律法書（注：ユダヤ教の正典。『旧約聖書』冒頭のモーゼの五書の施行規則）〕、他の聖書外の書物のなかに、類似のものがある。『新約聖書』中のものでは、ザカリア、洗礼者ヨハネ、イエス（イーサ）、マリアだけが強調されている。

イエスの母マリアはイムラーンの娘で、アーロンの妹だ。アハスエラスの愛人ハマン（ハーマーン）はファラオの大臣だ。留意に値するのは、『旧約聖書』中の人物名のアラビア語形は、主としてシリア語（すなわち、ノアはヌーフ）や、ギリシア語（エリアスはイルヤース、ヨナはユーヌス）から生まれていて、ヘブライ語から直接伝わったものがないことだ。

『コーラン』とバイブルの物語中の上述のものの比較研究や、つぎに掲《かか》げる類似した章句には、言語的な依存関係はない。

『コーラン』の二章四四―五八節と使《し》徒行伝《とぎょうでん》の七章三六―五三節、『コーラン』の二章二七三節とマタイ伝の六章三節、『コーラン』の一〇章七二節とペテロ書の二章五節、『コーラン』の一章七三節、二四章五〇節と申命記《しんめいき》の五章六―二一節、『コーラン』の二一章二〇節と黙示《もくし》録《ろく》の四章八節、『コーラン』の二三章三節とマタイ伝の六章七節、『コーラン』の三六章五三節とテサロニケ書上の四章一六節、『コーラン』の三九章三〇節とマタイ伝の六章二四節、『コーラン』の四二章一九節とガラテア書の六章七―九節、『コーラン』の四八章二九節とマルコ伝の四章二八節、『コーラン』の九二章一八節とルカ伝の一一章四一節の関係などはみな、そうだ。……」（九章　アッラーの書『コーラン』）

　聖書との対照はまだまだ続くが、これくらいにして、「セム人の発展させた三つの一神教のうち、『コーラン』を持つイスラムは一番特異性があり、また『新約聖書』に基づくキリスト教よりも、『旧約聖書』に基づくユダヤ教に近似している」という言葉で終わりにしよう。

　この引用は、ほんの序の口からの、まことに気ままな引用にすぎないが、それでも読者は、「アラブの歴史」やイスラムについて、今までまったく知らなかった何かを発見したであろう。そして本書を通読されれば、アラブ人の世界への、「理解不能な別世界」といった印象は消えてしまうであろう。

セム族の文化は、三つの一神教を通じて人類に大きな影響を与えており、これを無視した世界観は、まことに奇妙な、いびつなもののはずである。

石油《アブラ》問題がなくなればアラブを忘れるという傾向はすでにあらわれているように思う。アラブは、アブラとは関係なく、欧米と同様の、知的探究の対象であらねばならぬし、是非そうあってほしいと思う。その意味で本書は、少なくとも世界に関心を持つ人の必読書であろう。

根強い「科学という名の神話的思考」

『吾国体と基督教』（金港堂書籍　一九〇七年）

加藤弘之（かとう・ひろゆき）　一八三六―一九一六年。政治学者。東京帝国大学（東京大学）総長。

欧米賛美・反キリスト教的感情

「反欧米感情」とその基である「反キリスト教的感情」は常にわが国に潜在し、この点では「右」も「左」も戦前も戦後もまた新聞も一貫して変わらないように思われる。と同時に一方では強い「欧米文化賛美感情」もあり、他の文化はほとんど、あるいはまったく評価しないか無関心である。

なぜであろうか。この愛憎両端はたいへんにおもしろい問題だが、完全に解明しようとするなら、政治学・社会学・歴史学・宗教学・心理学等々、あらゆる学問からの徹底した追究を総合しなければならないであろう。

加藤弘之の『吾国体《わがこくたい》と基督教《キリスト》』が発行されたのは明治四十年（一九〇七年）八月二十八日、

ついで九月五日に第二版、私が所蔵する第三版は同月十五日と版を重ねているから相当に反響があったのであろう。

言うまでもなく加藤弘之は最初の東大総長、内容は帝国学士院における講演で正規の書名は『帝国学士院提出論文・吾国体と基督教』である。

これは、明治・大正の「権威」といわれた人の、またオピニオンリーダーとして学界・教育界はじめ各界に多大の影響を与えた人の学士院における講演の筆録なのだが、それにしては内容が少々お粗末である。

しかしお粗末すぎ、かつきわめて幼稚であるが故に逆に当時の「権威」の知的水準がわかり、「欧米賛美・反キリスト教的感情」という愛憎両端がどのような構造を持ち、それが日本のどのような伝統から出て、どう作用しているかがつかみやすいのでおもしろい。

まず「第一章　信仰と知識即ち宗教と科学」の冒頭を引用しよう（現代かなづかい、現代的漢字表記に改める）。

「諸君！　余はキリスト教を以《もっ》て吾《わ》が国体に大害あるものと考えているから、その理由を科学的に証明してみようと思うのであるが、しかし余は独《ひと》りキリスト教に限らずおよそ宗教と云えば宗派の如何《いかん》を問わず全く好まぬのである。それはなぜかと云うに如何《いか》なる宗教といえどもことごとく吾人に迷信を与えるもので大いに知識進歩の妨害をなすからである」と。いわばまず宗教の全面的な否定であり、次にその理由が記《しる》される。
「宗教者はややもすれば愚説を吐きて『信仰は知識を超絶するものである、信仰は決して知識から得られるものでない、信仰は知識を仮らずして得らるべき道がある。それゆえ田夫野人《でんぷやじん》といえども往々知者識者よりもかえって確実なる信仰を有している者がある』などと主張するのであるが、これが実にわからぬことであると思う。

未だかつて知らぬ事を信ずるということは、如何に考えても出来ることでない。もっともその知るということに精粗《せいそ》の相違はあろうなれども、しかし全く知るという手段がなくして、これを信ずるということは到底できることでない。

さような信というものは全く軽信・妄信《もうしん》・盲信というような信であって一語に言えばこれが迷信である」と。

加藤弘之にとって宗教とはすべて迷信だが、その中での唯一の例外は儒教《じゅきょう》で、「徳川幕府となってからは儒教が最も勢力を得て中流以上の社会は専《もっぱ》ら儒教で支配されるようになったため……中流以上の迷信は大《おお》いに減じたように思われる」と記している。

また彼は、動物でさえ高等動物なら「それは牛馬犬羊が飼主の平生の行為の如何を知るから、それで始めて、それを信ずる」のであるとして次のように述べる。

「右は高等動物の上に就《つい》て信は先《ま》ず知から起るという一つの証拠である。まず以て知るという第一の現象がなければ決して信ずるという第二の現象は起らぬという道理を説いたのである。

然《しか》るに独りわれわれ人間に至っては必ずしも右の如《ごと》き自然法のみでなくして、先ず知るという現象を待たずして先ず信ずるという超自然的現象が往々起り得るものであるなどと考えるのは甚《はなは》だわからぬことではないか。これがすなわち妄《みだ》りに人間と他動物との間に別を立て独り人間を特殊のもの即ち神秘的のものとして人間の上には自然法の外になお超自然法が働くものであるとする所のいわゆる二元主義になるのである。

しかるに人間と他動物との間に絶対の相違を認めずしてただ程度の相違のみを認めるところの進化主義に於《おい》ては、どうしても信すなわち正信というものは必ずまず知というものから始めて生ずるという道理を取らぬければ（注：取らなければ、の意。以下同）ならぬ。知を俟《ま》たずして起る所の信なるものは決して正信でない。必ず迷信であるという道理を知らぬければならぬ……」

「科学的証明」の内実

この辺が彼の序論だが、途中は飛ばして一気に「第五章　科学的証明」に進もう。

「諸君！　前講の如く天父だの唯一真神だのと称するものは爪の垢《あか》ほどの証拠もないお化《ばけ》と

するより外《ほか》に致し方はないではないか。

科学的研究の上に証拠の現われぬものに信を置くことは決して出来ぬことである……もっとも科学上にも仮定説というものは必ずある。否、仮定説の方が多分で、全く真理であると確定したものは少ないに相違ないけれども、併《しか》しその仮定説なるものも決して全くの臆断説ではない。種々様々に証拠を捉え来《きた》ってなお幾分不足のあるものを仮定説と唱《とな》えるのである。

しかるに天父だの唯一真神だのの事に至っては右の如く爪の垢ほどの証拠もないのであるからこれは科学的に考えたところで何としても化物《ばけもの》とするより外に仕様がないのである。

もっとも学者によっては、かようなことに科学的証明を求めるのは甚だ誤っている、かようなことは必ず哲理上の証明に委託せぬければならぬなどという者もあるけれども、余《よ》はさような不条理な議論に服することは出来ぬ。全く科学的根拠のない哲理ならばそれは純然たる臆説に外ならぬのである。

ところが科学的研究に拠《よ》れば宇宙を支配するものは唯一の自然法（Naturgesetz）という大勢力より外には何もない。この自然法なるものはまた一に因果法（Causalgesetz）とも称するものであって全く原因結果の連鎖で自然天然に働く大勢力である。但《ただ》し因果法と称したとて彼《か》の仏教でいわゆる善悪因果などいうものとは全く違っている……。

そこでわれわれ人間の進化発達に依《よっ》て第三段階有機体として国家というものが成立したの

であるがこれはすでに第二章で述べておいたことである（『第二章』の〈拙著『道徳法律進化の理』や『自然界の矛盾と進化』に述べておいた如くおよそ国家なるものは全く真の一大有機体すなわち第三段階有機体（決して比喩《ひゆ》的《てき》にあらず）であるからその生存はやはり動植物と同様に自然法に支配されるものである。動植物が一の有機体すなわち第二段階有機体として独立生存をしている……以上はその神経中枢《ちゅうすう》がやはり動植物と同じく全く唯一でなければならぬのは言うまでもない……〉以下の部分）。

而《しこう》してこの国家なる一大有機体なるものが如何にして出来たかというに、これは彼《か》のルウソウ氏（注：フランスの啓蒙思想家ルソー）やホッブス氏（注：イギリスの哲学者、政治学者）などの考えたように人民の契約でできたものでは決してない。実に自然法でできたのである……」

以上のような加藤弘之の考え方は何に由来するのであろうか。

彼の言う科学や科学的乃至《ないし》は自然法は、果たして西欧のそれと同じであろうか。まことに興味深いことだが朱子《しゅし》（注：中国宋《そう》代の儒学者）の『近思録』の「道体篇」への湯浅幸孫《ゆあさゆきひこ》氏の次の註釈は、ほぼそのまま加藤弘之の「科学」の註釈になりうるのである。

次に引用させていただく。

「（朱子の）『理』は自然界の物理的法則であるとともに、人間社会の道徳法則でもある（加藤弘之の『自然法』もこれと同じ）。自然法則と人間法則との渾然《こんぜん》たる一致という点では、朱子学的思惟《しい》は、いまだ神話的思考を脱却していない。

また、宇宙と人間とは、大小の相異はあってもその構造は同じで、それ自体のうちに運動の原理を内在しているという考え方は、自然や社会をあたかも有機体のごとく見なし（加藤弘之は『国家なる一大有機体』という）、人間の生物学的機能や習性から類推して、自然や社会を説明しようとする傾向を生む（加藤弘之の国家の『神経中枢』という考え方もこれ）。このような思惟傾向はすでに古くからあるが、朱子学は明確な形で有機体的思惟を発展させたのである」

朱子学的発想の中に西欧の概念を持ちこむ

朱子の『近思録』は徳川時代のインテリの必読書であった。その彼の理気説を、気＝物質、理＝エネルギーの原則、陰＝「気」の中のマイナス因子、陽＝「気」の中のプラス因子と理解すると、その陰陽五行説はまことに近代的に見えてくる。

また鎌田柳泓《かまたりゅうおう》（注：江戸時代後期の医師、心学者）のようにそれから一種の「進化論」（ただしこれも「自然法則と人間法則」が渾然と一体化し、人間はそれぞれ諸動物の特質を持ち「譬《たとえ》ば桀紂《けっちゅう》〈あくおう〉・跖蹻《せききゃく》〈ぬすびと〉は人中の虎狼鵰鶻《ころうちょうかつ》なり……凡夫鄙人《ぼんぷひじん》〈いやしきひと〉は人中の蚓《いん》〈みみず〉・蛭《てつ》〈ひる〉・

螻《ろう》〈けら〉・螘《ぎ》〈あり〉なり」（注：以上は鎌田著『心学奥の桟《かけはし》』下巻より）としているが、一面ではまことに実証的な進化論である）さえ導出しているから、当時の西欧の社会進化論がこれと習合して不思議でない（注：なお、「桀《けつ》」は中国・夏《か》の時代の桀王、「紂《ちゅう》」は殷《いん》の時代の紂王、いずれも暴君の象徴。「跖《せき》」は春秋時代の魯《ろ》の国の「盗跖《とうせき》」、「蹻《きゃく》」は楚《そ》の国の「荘蹻《そうきゃく》」。どちらも大盗賊。「虎狼鵰鶚」はトラとオオカミとクマタカ）。

それらの徳川時代の思想に西欧の科学を習合させるとまことに科学的に見え、新しい思想のように見える。

「中国哲学を、西欧哲学のあれこれの範疇《はんちゅう》・概念・図式等にあてはめ、恰好《かっこう》よくしかし誤った解釈をすることは、ミニスカートや長髪と同じく、われわれを誘惑する、美しい或《ある》いは醜悪な現代の流行のひとつである」と湯浅幸孫氏は述べているが、加藤弘之はちょうどこの裏返しである。

彼は「脱亜入欧」をしたつもりであろう。だが、それは所詮《しょせん》、不知不識《しらずしらず》のうちに朱子学的発想の中に西欧の諸概念を持ちこみ、「科学という名の神話」をつくり出しただけであった。「朱子学的思惟は、いまだ神話的思考を脱却していない」から、これは当然である。

だがさらに問題なのは、湯浅幸孫氏の批判している現代の「西欧哲学のあれこれの範疇・概念・図式等にあてはめ」は意識的な「流行」だが加藤弘之のは無意識的な「あたりまえのこと」でさらに問題なのは、「に」と「を」がこの「流行」とは逆になっていたことである。略記すれば「中国哲学を西欧哲学のあれこれ……等にあてはめ」でなく、日本的に変形された徳川型「中国哲学に、西欧哲学のあれこれ……等をあてはめ」であった。したがって完全な神話的思考なのに、それを彼は「科学」と信じていた。皮肉なことにこれは、彼が、口をきわめて嘲罵《ちょうば》した「迷信」そのものであった。

加藤弘之が出した結論

その彼が次のように結論づけたとて少しも不思議ではあるまい。

「右の如く自然法で出来た所の国家には最初は民族の宗家たるいわゆる族父が治者となった処《ところ》も随分あったのであるが、後にはみな易姓《えきせい》革命（注：中国古代の政治思想）で治者の血統が変じてしまった、ところがひとりわが日本のみは太初以来今日に至るまで族父たる帝室が治者の位を保たれてあるのであるからわが邦《くに》のみは今日に於ても尋常一様の君主統治と同一視することは出来ぬことで族父統治と言わぬければならぬ……。

このことは実に明々白々にして毫《ごう》も異議を許さぬ現実の事である。いかなる証明をも要せぬ事実である。彼《か》の宇宙を支配する唯一なる自然法とこの明々白々にしていかなる証明をも要せぬ事実と、この二個の科学的理由に依て考えてみれば、わが日本国に於ては天皇陛下より外に至尊《しそん》として崇拝すべきもののあるべき道理は決してない。天皇陛下より上位に置くべきものは絶えてないのである。

ところが吾が邦の基督教者と信者とは天皇陛下の上位に更に彼の天父または唯一真神などと称する一種の化物《ばけもの》を置いて、それを宇宙の至尊《しそん》として崇拝せんとするのである。天皇陛下の上位に化物を置かんとするに至ってはその事の甚だ不敬なるのみならず、また全く科学的理由に背反《はいはん》したる所為《しょい》であると言わぬければならぬ……」

まさに「科学という名の神話的思考」から出された発想にふさわしい結論であろう。そしてこの「科学という名の神話的思考」は形を変えて、今もなお根強く日本に残っている（注：なお著者は『「空気」の研究』で、この点について、さらに追究している）。

無理もない。それは単に、文学博士・法学博士・東大総長・貴族院勅選議員加藤弘之の影響のみによるのではない。

中国を理解するのに不可欠な「易学」

『易学大鑑』（国書刊行会　一九八三年）
荒木魚名（あらき・ぎょめい）　一九二五年―
『四書五経　中国思想の形成と展開』（平凡社・東洋文庫　一九六五年）
竹内照夫（たけうち・てるお）　一九一〇―一九八二年。中国哲学者。北海道大学名誉教授。

中国人の形而上学であり実学

「四書《ししょ》（注：論語・大学・中庸《ちゅうよう》・孟子《もうし》）・五経《ごきょう》（注：易経《えききょう》・書経・詩経・礼記《らいき》・春秋《しゅんじゅう》）」はいわば儒学《じゅがく》の「正典」であり、日本にも大きな影響を与えたわけだが、これを一応――あくまでも「一応」だが――理解しようとしても、それは決して容易なわざではない。

もっとも私自身は儒学には特に関心はなく、関心があるのはいわば「徳川学」だから、徳川時代の一般人が読んだ範囲のものを、徳川時代人が理解したように理解すればよいわけである。もっともその〝理解〟は誤解なのかもしれない。しかし徳川時代を理解しようと思うならまず同じように誤解しなければ理解できない。

吉川幸次郎《よしかわこうじろう》氏（注：中国文学者）は、中国文学を理解しようと思うなら決して日本式の「漢文」を読んではならないと言われたが、逆に、徳川時代を理解しようと思うなら、日本式「漢文」以外は読んではならない、ということになるであろう。

さてこうなると「四書・五経」の中で最も難物なのは『易経』である。

われわれが何気なく使っている「形而上《けいじじょう》」「同人」「観光」「口実《こうじつ》」「苦節」といった言葉も『易経』に由来するわけだから、さまざまな形で日本人に影響を与えているのであろうが、さてその内容となると、どうも、読む前から一種の拒否反応を起こして、何となくなじめないものになってしまう。これはおそらく「易者」とか「当たるも八卦《はっけ》、当たらぬも八卦」の八卦とか、筮《ぜい》（竹）などが出てくることに起因する偏見によるのであろう。

荒木魚名氏はその著『易学大鑑』の中で、「易、いわゆる周易《しゅうえき》の中核となっている書物は『易経』です。易は、『易経』に始まって『易経』に帰るものだといっても過言ではありません。とにかく『易経』がなくては易は存在しませんし、『易経』を無視して易を語ることもできません。これに関連して慨嘆にたえないのは『易経』を解説しない易の本があったり、『易経』を読んだこともない人が易占を業としているような例がしばしば見受けられることです。このようなことは、易の邪道《じゃどう》であるというよりも、むしろ易の名を冠するに値しないものだというべきでしょう。易の学習はあくまでも『易経』を中心にしたものでなければなりません……」と記しているが、私などが持つ「易」への拒否反応は「易の名を冠するに値しないもの」への拒否反応かもしれない。

ではそのようなものを「易」と見なす偏見から離れて「易」を見れば、そこに見えるのはどういう世界であろうか。

「易」が中国人の形而上学であり、と同時に――まことにおもしろいことにこれが中国文化の特徴なのであろうが――自己の方向づけを決定するための実学であることを思うとき、中国を理解するために「易学」は必要不可欠のものと思う。

前に駒田信二《こまだしんじ》氏（注：作家、中国文学者）と対談したとき、氏はおおむね次のようなことを言われた（私の記憶だから細かい点にあやまりがあるかもしれないが）――。

「中国人の考え方の基本は『陰』『陽』である。だがこのことを政治家もマスコミも理解していない。陰陽は単なる対立概念ではなく、陰の中に陽があり、陽の中に陰があって、対象に応じてそれぞれがあらわれる。たとえば男女。夫婦であれば夫は陽で妻は陰、しかしこれが母子となると、たとえ男の子でも母が陽で子は陰。同一の女性が夫に対するときは陰で、子に対するときは陽、こういった関係である。これは彼らの対応の仕方に、さまざまな形であらわれる。しかし政治家もマスコミもそれを理解しないで彼らの言動に対応するから、おかしなことになる」と。

『易学大鑑』には次のように記されている。

「易では、自然界と人間の社会を統一的に理解し、その構造と変化の原理を明らかにするための基本的な概念として、『陰』と『陽』を設定します（『陰』は⚋の符号、『陽』は⚊の符号で表わす約束になっています）。言葉を換えていえば、すべての事象の根元に『陰』と『陽』があると考えるわけです。そしてこの『陰』と『陽』の、組合せ、相互作用、和合、対立、消長、循環などが、さまざまな事象の性質や動きを決定するとしています。

　このような思想は、約三千年ほど前、中国の『周』の国で生まれたと伝えられてきました。それで易は一名『周易』とも呼ばれています。その起源の考証はともかく、易がきわめて古い歴史を持つものであることは疑えないところです。

　易の思想の根幹になっている陰陽の概念は、東洋の形而上学の底流として長くその生命を保ってきただけではなくて、数学、物理学、暦学、地理学、化学、医学、兵学、音楽、文芸、宗教等の中にまで浸透し、さらには庶民の生活慣習や生活感覚にまでその影響が及んでいます」

「しかしここで注意しなければならないことは、易における陰陽の関係は、必ずしも一対一の形で向き合っているのではないということです。たとえば一対五のこともあるし、二対四の場合もあります。また空間的にも時間的にも、それが一定不変の固定された関係になっているのでもありません。

ある事象や情況は、展開し変化し循環する動きの中での一局面であると易は説いています。『易』の字は、変わる、改まるという意味を持っていますが、周易の易も、事象や情況の変化を前提にして理論が構築されているのです。文字通り易は不易ではありません。易は静態理論ではなく、動態理論なのです。さらにいえば、変化する波の中のどこに現状を位置づけるかの判断が易の核心であり、それによって問題の正確な把握と未来の予測ができることになります」

未来の解答を探し出すシステム

このように本書の説明はきわめて懇切丁寧《こんせつていねい》だが、何しろB5判三段組三百余ページの大著だから、その一つ一つを要約して行くことは到底できない。

もっとも俗に言う「当たるも八卦、当たらぬも八卦」の「卦」だが、これは元来は「カ」と発音し、「小成《しょうせい》の卦」（八種類）と「大成の卦」（六十四種類）があり、それぞれの「卦」に各論に相当する「爻《こう》」が六つあるから「本卦」が三百八十四、これに「変卦《へんか》」があるから、三百八十四の二乗、すなわち十四万七千四百五十六通りの答えが、それぞれの情況に対応する判断への解答として用意されているわけである。

では「変卦」とは何か。これは「本卦《か》」の「老陰」「老陽」はやがて陰陽が逆になるという考え方なのである。

「〝老〟とは、極限に達したという意味で、極限に達したものはやがて反対の性質のものに転化するというのが易の基本的な思考方法ですから、老陰はやがて陽に転化する陰であり、老陽はやがて陰に転化する陽であると考えます」

「易を立てたときには『本卦』だけを考えるのではなく、『変卦』も『本卦』と同じように重視しなければなりません。われわれはとかく当面する問題の解決だけに心をとらわれがちですが、そのような短見に陥《おちい》ることを避けて長期的な展望を持って物事に対処したいものです」

いわば「卦」の時間的変化もあらわれるわけである。このようにして十四万七千四百五十六通りの答えの中から、現在の把握から未来の解答を探し出すシステムがつまり「易」である。

これだけの数が用意されていれば、たいていのことへの解答が用意されているわけで、これは、確かに動態理論だが、それを情況に応じて引き出してくる。それをどういう原則によっておこなうかは本書を読んでいただく以外にない。

だがそれを読んでみると、次のようなことを感じる。まず第一に、「試験にパスするか否《いな》か、易で占《うらな》ってもらう」などということは元来あり得ないということである。

というのは、あらゆることを考え抜いて、最後にいくつか選択肢が残ったときどれをとるかを、十四万七千四百五十六通りの解答の中から求めるのが「易」だから、それは単純に「未来を占ってもらう」こととはまったく別のことだ、ということである。

何事もインスタント化する日本の特質

もちろん中国でも売卜《ばいぼく》（注：報酬を得て吉凶などを占う）ということはある。また『図讖《としん》』という一種の予言書もある。これらはいわば「何とかの大予言」のようなもので、いずれの国にもある。

唐《とう》の太宗《たいそう》が『図讖』を献呈されたとき、有害だと言って焼き捨てたことが『貞観政要《じょうがんせいよう》』（注：太宗の言行録）に見えるが、これは「易」ではない。

「易」はそれと違って、「……〝易は必ず自分で占え〟ということです。他人に占ってもらっても正しい答えは得られません。自分のことは自分が一番よく知っているはずです。この知識を仮に『資料』という言葉で表わすとしますと、自分の正しい決断のための基礎『資料』は、自分が一番多く持っているはずです。正しい決断はやまをかけることではありませんから、できるだけ多くの『資料』に基づくべきであることは当然でしょう。したがって、易は必ず自分で立てなければなりません」。

こうなると、いくつかの選択肢のどれを取るかを易者に占ってもらうということもあり得ないわけであり、日本の易者という存在自体が、おかしなものとなるであろう。

確かに、考え抜いたところ三つの選択肢となり、それのどれを取るかに最後の決断を下すとき、昔も今も、誰でも迷うであろう。

こういう場合、神託《しんたく》を請《こ》うとか、預言者の言葉を聞くとかいう方法は多くの民族が執《と》って来た。このこと自体は別に珍しくない。ギリシアのデルフォイの神託は有名であり、ソクラテスなども神託を請うことは当然と考えていた。さらに、対象を「陰」「陽」的な発想で把握する方法も多くの民族にあり、竹内照夫氏は『四書五経・中国思想の形成と展開』の中で、名詞を男・女・中の三性に分ける思想にその類似性があるとしている。

このように見ていくと、神託に求めたり陰陽に分けたりは、多くの民族に見られることかもしれない。だがそこから『易経』のような形で、神託を請うことなく、それをシステム化して、十四万七千四百五十六通りの答えの中から、情況に即応するものを取り出してくるといったような発想をしたのは、中国人だけであろう。

だが、この中国人の形而上学そのものは、「徳川学」に強い影響を与えずに、逆に大道易者という妙な商売を発生させたところに、何事もインスタント化する日本の特質があるのかもしれない。

本当の「易」

というのも「易」のマニュアルは相当に複雑であり、日本人はこういう複雑なマニュアルに基づく手続を駆使して解答を求めることは元来嫌いで、「カンでピーンと来る」や「その場の空気」を尊ぶからであろう。荒木魚名氏の『易学大鑑』は「易経」の本文にその註釈書である『彖伝《たんでん》』上下、『象伝《しょうでん》』上下、『文言伝《ぶんげんでん》』、『繋辞伝《けいじでん》』上下、『説卦伝《せっかでん》』、『序卦伝《じょかでん》』、『雑卦伝《ざっかでん》』を適宜に配置してたいへんにわかりやすく整理してあるが、それでも、マニュアルが頭に入っていないと、活用できない。

そこでそれを引き出すマニュアルが一応頭に入っているものとして、それを引けばどのようなことが記してあるのか、次にその一部を引用して終わりにしよう。興味のある方は、マニュアルを読んで、それがどのような状態のときに出て来るかを実験されてみるとよい。いわばそれが本当の「易」なのである。

履虎尾　不咥人　亨
虎の尾を履《ふ》むも、人を咥《か》まず。亨《とお》る。
彖曰　履　柔履剛也　説而応乎乾

是以履虎尾不咥人　亨　剛中正　履帝位而不疚　光明也
象《たん》に曰《いわ》く。履《り》は、柔にして剛を履《ふ》むなり。説きて乾《けん》に応ず。是《ここ》を以て虎の尾を履むも人を咥《か》まず。亨《とお》るなり。剛中正《ごうちゅうせい》にして、帝位を履みて疚《やま》しからず。光明《こうみょう》なり。

　危ないとか、はねのけなければならないと感じたとき、普通の動物は反射的にそこに口を持っていきます。これが〝口が至る〟というかみ方、すなわち「咥《き》」（咥《か》む）です。ちなみに「咬《こう》」（咬《か》む）は、口の上あごと下あごを〝交わらせる〟かみ方で、食べ物をかむときのような意識的なかみ方のことです。

　したがって卦辞《かじ》の「虎の尾を履《ふ》むも、人を咥《か》まず」は、相手に危険な感じや、排除しなければならないといった感じを与えなければ、虎のうしろを歩いても咥みつかれるようなことはないという意味になります。だから「履《り》」の卦《か》は、物事が通じる（亨《とお》る）のです。

「説きて」は「解きて」と同じで、心を開いてということです。

「疚《やま》しからず」は、元気でぴんぴんしているの意味です。

「剛中正にして、帝位を履みて」は第五爻《こう》のことで、陽爻ですから「剛」、上卦《じょうか》の真ん中ですから「中」、奇数番目の陽爻ですから「正」、第五爻は卦の帝王の位置ですから「帝位」というわけです。このような条件が満たされていますから、「疚《やま》しからず」となります。

一読後、生まれ変わった自分がそこにいる

『預言者』（佐久間彪訳・至光社　一九八四年）

カリール・ジブラン　一八八三―一九三一年。レバノン出身の詩人。アメリカへ移住。

私の心の「別荘」

毎日の仕事に神経をすりへらす――これは近代社会の宿命かもしれない。誰でもこれから逃れ得たらと思うのだが、この精密機械のような社会が現代の日本の生活水準を維持し、同時に人々はその中に生きているのだから、これが崩壊したら、一体どうなるのか。

「自然に帰れ」などと簡単に言うが、もし本当に帰ったら、日本列島は何人の最低生活を維持して行けるのであろうか。そう考えると現代人に出来ることは、現代社会の中に精神的な別世界をつくり、そこに住みつつ「現代社会」に「出勤」するという方法だけなのか。

昨今の「宗教書ブーム」なるものはその一面をあらわしているのか。このことは先進工業国に共通している現象なのか。

だが問題はそれだけですまない。この世の中にはまことに複雑な「学問」やら「理論」やら「主義」やらが横行している。それはあらわれ、もてはやされ、消え去っていく――まるで流行歌のように。そのうえ、ほんの数年たてば、なぜあのときあんな大騒ぎになったのだろうと自ら訝《いぶ》からざるを得ない〝大事件〟が頻発《ひんぱつ》し、何となくそれに頭を占領されて、一切の思考を停止させられているかのような状態にされる。

そういう中で「時」だけは遠慮なく過ぎて行く。ふと我にかえる。ヘエー、あれからもう十年ね、といったようにすべてが過ぎて行く。だから人間には「レジャーが必要なのだ」という例によって例の如《ごと》き「お説教」を聞き、その流行の一つに加わったところで、それは「精神的な別世界」にしばし憩《いこ》うということにはなるまい。

「出版と著作と、――よく神経が続きますね」とか「タフですねえ」「不眠症になりませんか」「鬱《うつ》にも躁《そう》にもなりませんか」等々といった質問を受ける。

私は簡単に「いえ、別に」と答えるか、せいぜい「ま、私には精神的な憩いの別世界がありましてね。そこから通勤しているだけだから、何年続けても別に何ともなりませんよ」と答えることにしている。

「ではどこかに別荘でも……」

「いえ私にはそんなものはありません。ただある種の数冊の本で、それを読んでその世界に入って休んじまえばそれで十分なんです。これが別荘なら、最も安あがりの別荘ですよ」するとたいていの人は、「その本を教えてください」というのだが、さてそれが、私にとっては別荘であっても、その人にとって果たして別荘になるのかどうか、それはわからない。が、最近入手した「別荘」を紹介しよう。

十年がかりの翻訳で世に出る

カリール・ジブランの長詩『預言者《よげんしゃ》』といっても知る人はほとんどいないであろう。これが日本の出版界の少々不思議なところ。何しろ三十ヵ国語に訳され、総計六百万部売れ、今なお読みつづけられ、最初期のヒッピー（ということは「いわゆるヒッピー」ではない）のバイブルと言われたこの本が、なぜ今まで、海外のことに異常に敏感なマスコミにも取り上げられず、翻訳も紹介もなかったのか、少々不思議な気もする。

日本人が欧米を見る目には何か盲点があるのであろうか。それがこのたび佐久間彪《さくまたけし》神父の十年がかりの翻訳で、世に出た。出版したのは至光社の武市八十雄《たけいちやそお》氏。この武市氏は、まさに知る人ぞ知るの出版人だが、ジブランに惚れこんでわざわざレバノンの山の中まで行ったのは、まことに彼らしい。

その生家はおそろしい山の中で、今ではそこに小さな彼の記念博物館があるという。といえばおわかりのようにジブランは一八八三年レバノンに生まれ、一八九四年に渡米、この渡米の理由が、何やら、とんでもない神童がこんな山の中にいると驚いたアメリカ人が、彼をアメリカにつれて行ったからだともいう。

そして、一八九八年にアラビア語の高等教育を受けるため単身帰国し、十五歳でこの「預言者《プロフェット》」の草稿をアラビア語で書いた。その後、散文詩を発表したり、詩人たちの肖像を描いたりしていた。

一九〇八年にパリに行き、ロダンやドビッシー等と親しく交わった。ロダンの作品は彼の絵から大きな影響を受けているといわれる。そして一九一〇年にボストンに戻り「預言者《ザ・プロフェット》」を英語に書きなおし、推敲《すいこう》に推敲を重ねること十三年、一九二三年に彼の描いた挿絵入りで出版された。

一九三一年にニューヨークで死去し、遺体は故郷の修道院に葬られ、そこに前述のジブラン記念博物館が建てられた。彼はまるで、この詩を書くために生まれて来たような人である。

「帯」の文章を依頼されて

実は本書の出版にあたって、武市さんから「帯」の文章を依頼された。とうていその任でないと思ったが、読みかえしているうちに、ジブランの言葉に触発されて、不意に、ある言葉が出て来た――。

「『死者によって生者のために造られた墓の中に住むな』――空虚な言葉の廃墟は、崩れ、汚れ、なお立って人びとをその中に閉じこめる。この『預言者』は、その人びとを解き放つ。いや、このような言葉も不要だろう、一読して振り返れば、生まれかわった別の自分がそこにいる。それがジブランの詩である」と。

「帯」の宣伝文としては落第であろうが、それ以外の言葉は浮かばぬ。武市さんは黙ってそれをそのまま採用してくれた。

私にはこれ以外に紹介の言葉がないのだが、世の形式通りにその内容を記せば、オルファレーズの町に住む預言者アルムスタファに迎えの船が来る。彼はこの船に乗ってこの世を去って行く。

その去り行く彼に町の人々は言葉を求める。そのほんの一節を次に紹介しよう。


「魂は拡がって行く……」


「そこでひとりの演説家が言った。お話しください。自由について。

アルムスタファは答えた。

私は見たことがあります。あなたがたが町の門の傍《そば》や家の炉端《ろばた》で、あなたがたの言っている自由とかの前に平伏《ひれふ》してそれを拝《おが》むのを。

まるで奴隷が、その身を裂かれても、なお暴君を称《たた》えてやまないように。

ああ私は見たのです。神殿の森、城塞《じょうさい》の陰で、一番自由なはずの者がそのいわゆる自由を、ちょうど軛《くびき》か足枷《あしかせ》のように、身にまとっているのを。

私の心は痛み、血を流します。なぜなら、あなたがたが自由になれるのは、自由を求めるその心さえ鎧《よろい》だと感じ、自由を究極の目標として語るのを止《や》めるときだけ。

本当に自由になれるのは、日々の労苦、夜々《よよ》の窮乏、悲歎が消えるときではなく、むしろ、生きているあなたがたをそれらが取り巻いていても自由で縛られず、またそれらを超《こ》えて起《た》っているとき。


しかしどのようにその日々夜々を超えて起《た》っていられましょう。もしあなたがたの分別の夜明けに、自分の日盛《ひざか》りのまわりに巻きつけてしまったその鎖《くさり》を打ち砕かないならば。

まことに、あなたがたが自由と呼んでいるものは、この鎖のなかでも最も手強《てごわ》いもののひとつ。たとえその輪が陽光にきらめき、あなたがたの目をくらまそうとも。

自由であろうとして自分の身から払い落とそうとしているもの、それは或るいは、あなたがた自身の一片《ひとひら》ではありませんか。

あなたがたが抹殺しようとしているものは不正な法律《おきて》かも知れません。でもそれは、もともとあなたがたが自分たちの額《ひたい》に、自分の手で書き込んだもの。

法律《おきて》の書を焼き捨て、裁判官《さばきて》たちの額《ひたい》を洗おうとして、たとえ大海の水を注ぎかけても、それを消し去ることは出来ません。

暴君を廃絶したいというなら、先《ま》ず見てください。あなたがた自身のなかに据えられてきた暴君の玉座《ぎょくざ》が砕かれたか否かを。

なぜなら、いかなる専制君主といえども、自由な者、誇り高い者たちを、どのようにして支配できましょう。その専制がかれら自身の自由に、その汚辱《おじょく》がかれら自身の誇りに及んでいないならば。

あなたがたが捨て去ろうとしているもの、それが煩《わずら》わしさというものなら、それは自分で選んだもの。無理に背負い込まされたものではない。

あなたが振り払おうとしているもの、それが不安だというなら、その不安の座はあなたがた自身のなかにこそあり、不安を与える者の掌《て》のなかにではない。

まことにこれらすべてのことは、あなたがたの存在のなかで、絶えず包み合って、揺れ動いています。望んだもの、恐れたもの、忌《い》み嫌ったもの、愛《いと》しんだもの、追い求めたもの、そして逃げたいもの。

これらのものが、あなたがたのなかで動いているのです。光と影のように、からみ合い対《つい》になって。

やがて影が消えてしまっても、次には、滞《とどこお》っている光が他の光の影となります。

こうして、あなたがたの自由がその足枷となるものを失うとき、こんどはその自由自身が、より大きな自由にとっての足枷になるのです」


「そこでひとりの男が言った。お話し下さい。『自らを知る』ことについて。

アルムスタファは答えて言った。

あなたの心はひそかに知っているのです。日々夜々《ひびよよ》の秘密を。

しかしあなたの耳は聞きたがっています。あなたの心の『知』の声を。

自分の魂がすでに知っているものを、あなたは言葉で知りたいと思う。

自分の夢の裸の体に、指で触れたいと思う。

それはそれでよいのです。

魂の隠れた泉は溢《あふ》れ出るもの。そしてささやきながら海に流れ入るもの。

あなたの無限の深みにある宝は、あなたの眼に触れたがっているのです。

しかし、その知られざる宝を、秤《はか》りで量《はか》ってはなりません。

そして、あなたの『知』の深みを、測り竿《ざお》や測り綱《づな》で探ってはなりません。

なぜなら『自《みずか》ら』は極《きわ》みなく果てしない海だからです。

言ってはなりません。『私は真理を見つけた』と。言うならば、『私は真理のひとつを見つけた』と。

言ってはなりません。『私は魂の道を見つけた』と。言うならば、『私の道を歩む魂に出遭《であ》った』と。

なぜなら魂は、およそ道という道を歩む。

魂は一本の線の上は歩まず、葦《あし》のように育つものでもない。

魂は拡がって行くのです。無数の花弁を持つ蓮《はす》の花のように」

〝神学化〟した神道の問題

『福音と異教地盤』（日本基督教団出版部　一九六一年）
比屋根安定（ひやね・あんてい）一八九二―一九七〇年。比較宗教史家。

宗教について答えられない日本人

『私の本棚から』を毎号読んでるけど、まったく、流行に乗らない本ばかりねえ」

親しい図書館の司書からの電話である。

「でもね、流行的な新刊ばかり毎日ずらずら見せられていると、少々うんざりするでしょ。一種の清涼剤にはなるわ。でもね。こんな流行に乗らないものばかり読んでる人の本が、なぜ読まれるんでしょうね」

そう言われても、何とも的確な返事をしかねるのだが――今回もやはり「流行に乗らない本」になってしまう。題して『福音と異教地盤』比屋根安定著、昭和三十六年版、二三〇ページほどの本、その気になって読めば一日で読める本である。

この本は非常に便利な本で、海外に行く人はぜひ通読して欲しいと思われる本である。というのは、キリスト教徒でありまた比較宗教史家でもあった著者の本書執筆の動機が、その冒頭の「序に代えて志《こころざし》を述べる」の中で、次のように記されているからである。

「……米国のさる著名な神学校には、以前から日本の神学校出身者、伝道者たちが来たり学んでいます。近年のこと、同校で宗教史を講義する某教授が、聴講する日本人の何人かに、日本の宗教に就《つ》いて訊《たず》ねたところ、いずれも答え得なかったので、その教授は驚いて嘆ずるよう、『日本人は、実に不思議な民族である。自国の宗教について、ほとんど何も知らないとは！』。訊ねた問題が何であったかは、知り得ませんが、その教授は、モーセを知らないユダヤ人、マホメッドを知らないアラビヤ人に遇《あ》ったように、不思議に思ったでしょう」と。

さらにつけ加えれば、イエス・キリストの名を知らない欧米人に会ったようなものである。たとえ無神論者でも、キリストの存在すら知らないという欧米人を見つけることは至難であろう。

さらに著者は次のような例も引用されている。

「『基督《キリスト》教新報』（昭和三十五年八月二十日号）に、ジュネーヴのエキュメニカル・インスティテュートに参加された佐伯晴郎《さえきはるお》氏（注：牧師）の通信に――『明日の晩は、学生の集まりがあって、日本の神道《しんとう》について話してくれとのことで困っています。というのは、実のところ今まで神道なんて考えてみたこともなく、まして勉強などしたこともありません。が何しろあの大戦争を引き起こし、それを推進した魔力的な宗教として、外国人には興味が持たれており、日本の学生からぜひ聞きたいというわけです。

とにかく、日本人でありながら、日本独自のことを知らないことは恥《は》ずかしいことです。日本の牧師ともあろう者が、仏教の書物一冊読んだこともなく、西洋の生半可《なまはんか》な知識ばかりふり回していたのでは、日本の伝道など、とうていできるはずがありません。アメリカ人で南北戦争を知らなかったり、イギリス人でシェークスピアを知らなかったりするのと同じで、日本の歴史、古代文化や宗教に無知であっては、うたを忘れたカナリヤのごとく貧弱であります』」

これは教科書問題の背景にもある問題であり、この問題を「進出・侵略問題」にすりかえてしまっては、「うたを忘れたカナリヤのごとく貧弱」な日本人の大量生産はとまらない。

比較宗教史家の眼

この文章が掲載された昭和三十五年とは言うまでもなく「六〇年安保」の年である。国をあげての「アンポ騒動」の中で小さなミニコミ紙に載った以上のような記事が誰の注目をひかなくても不思議ではない。

また「アンポ」に続く経済成長路線のときもこの問題は少しも念頭になかったと言ってよ

い。そして教育は「西洋の生半可な知識ばかりふり回して」いる教授が、「うたを忘れたカナリヤのごとく貧弱」な人々を大量生産していた。その〝成果〟は現在あらゆる面に出ているし、現状を見る限り当分の間は続くであろう。

そしておもしろいことは、この問題に「問題」として対処しなければならなかったのが、日本人キリスト教徒であったという点である。

確かにキリスト教は輸入宗教だが、同じように多くの学問も輸入学問である。したがって、欧米のある学者の業績を翻訳もしくは翻案して講義していれば「学者」であり得る。しかしそれは「本場」に行けば通用しない。

しかし相手はその知識と勉学には敬意を払い、「そこまでわれわれの宗教を研究して知ってくれたのなら、日本の宗教や文化を、われわれにわかるように説明してくれるはずだ」と感じ、それをたのむ。

これは彼らにとっては当然のことなのだが、たのまれた瞬間にその日本人は、自らについて何一つ知らないことを思い知らされ、愕然《がくぜん》として「うたを忘れたカナリヤのごとく貧弱」だという思いにかられる。

本書はこのような状態に対して「〔昭和〕三十四年の夏、東京神学大学では卒業して伝道中の人々」に対して修養会を開き、日本の伝統的な宗教について講義してくれるよう著者に依頼した。

その講義を傍聴していた山谷省吾《やまやせいご》氏（注：聖書学者）の慫慂《しょうよう》（注：勧め）によって、本書は出版された。したがってその内容は、キリスト教の伝道者に日本人の伝統的宗教を講義するという形になっている。

そのため本書は決して「専門的」でなく、むしろ「網羅的序論《もうらてき》」であり、複雑きわまる日本の宗教のそれぞれを概説的に説明するにとどまっている。しかし現代では、この「概説的・序説的」なことさえ、多くの日本人は知らないであろう。

そこでまず本書を読み、その全体像をつかんでから、常にそれを頭に置きつつ、自分が関心を持った分野にさらに研究を進めて行けるという点で、まことに恰好な手引書なのである。と同時に外国へ行ったとき、たとえば「シントイズム（注：神道）について説明してくれ」といった種類の質問に対して、手短かにその内容を相手に説明しうるという便利さもある。

次のその目次を紹介しよう。

「序に代えて志を述べる／第一章　日本の原始宗教は巫女教《シャーマニズム》／第二章　生前から死後への通過儀礼／第三章　年中行事における信仰と風習／第四章　神道の祭・学・教、その終着点／第五章　儒教の上帝崇拝、その終着点／第六章　仏教の発達、浄土門信仰の終着点／第七章　民間信仰の対象と風習、その他／第八章　イスラム教圏、ユダヤ教・基督教との関係／第九

章　インド宗教における汎神教」

　以上のようになっている。この点、最後の二章は日本には直接に関係ない。だが比較宗教史家としての氏が、これらの宗教と日本の宗教をも対比している点で興味深い。だが、さらに興味深いことは、原始宗教であったはずの巫女教《シャーマニズム》が連綿と続いていることを「十返舎一九《じっぺんしゃいっく》・式亭三馬《しきていさんば》の戯作《げさく》本に描かれる市子《いちこ》（注：巫女《みこ》）の口寄せ」や「戦後日本に行なわれる生口《いきくち》・死口《しにくち》の口寄せ、イタコのコンクール」等で指摘していることである。

　さらにおもしろいのは、誰でも知っている「東海道五十三次」が宋代《そうだい》の詩人黄山谷《こうさんこく》の「鬼門《きもん》関外遠しというなかれ、五十三駅これ皇州」に基づいているであろうが、同時に華厳経《けごんきょう》とも関連があるのではないか、という指摘である。

　すなわち「『大方広仏《だいほうこうぶつ》華厳経』の最後の章『入法界品《にゅうほっかいぼん》』に登場する善財童子《ぜんざいどうじ》も、文殊菩薩《もんじゅぼさつ》の教化を受けて、求道《ぐどう》の旅に上り、さまざまな神・仏・菩薩・仙人・国王・長者・僧・尼その他を訪ねますが、最後に五十三番目に会ったのは普賢《ふげん》菩薩であって、無量の仏の徳を授かり、法界《ほっかい》すなわち悟りの世界に達した」。

　これを、旅程になぞらえ、『東海道中膝栗毛』でも、江戸日本橋ではじまり京の三条大橋で終わる。

神道の来た道

これらは民間伝承と混合すると、人生で「是非とも越えねばならぬ関所、リテュエルズ・ド・パッサージュ（通過儀礼）」ということになる。この「人生を旅」と見る考え方は、日本の詩や文学に常に出てくるが、同時にそこには関所＝通過儀礼がある。

それは㈠氏神・産土神《うぶすながみ》の信仰、戌《いぬ》の日の岩田帯、産屋《うぶや》、出産の禁忌《きんき》、㈡石は産神《うぶがみ》の依代《よりしろ》、箒《ほうき》の神、山の神、胞衣《えな》の埋めどころ、㈢産婦の忌明《いみあ》け、歯固めの石、育児の俗信さまざま、㈣氏子《うじこ》入り、初冠《ういこうぶり》・元服・ふんどし祝・腰巻祝、結婚儀礼、㈤魂《たま》招ぎ、葬送、死体の忌、別火の炊事、忌中の禁制、㈥死者への供養、湯灌《ゆかん》、通夜、葬列、墓の穴掘り、㈦七七四十九日の服喪、三十三年忌に個性を失い祖霊となる、という形になっている。

これらの通過儀礼の多くはすでに失われているが、読んでいてたいへんにおもしろいのは、その背後にある人生観や死生観が、戦後もほとんど変わっていないという点である。

著者はこれにひきつづいて、「年中行事における信仰と風習」を記しているが、その中で特におもしろいのは、クリスマスと日本の冬至《とうじ》の祭りの対比であろう。すなわち「日本では、陰暦十一月下弦の二十三日、前に記した太子（大師）と呼ぶ神の子が、新しい生命を与えるため、村々家々を回って訪れ、これによって春立ち返ると信ぜられます」に続き、北半球では何らかの形で冬至を「陽気回復」の日として祝った。

「中国では、天子が冬至の日に天を祭る厳《おごそ》かな儀式を行ない、庶民は赤小豆《あずき》の粥《かゆ》をたいて、疫鬼《えきき》を祓《はら》い、その物忌の終る翌日は、賑《にぎ》やかに祝いました」と記し、クリスマスもこの「北半球の祭り」として捉えて、日本と対比している。

中国皇帝の冬至における「天壇祀天《てんだんしてん》の儀」は、石橋丑雄《いしばしうしお》氏（注：北京特別市公署などに勤めながら、『北平の薩満教に就《つい》て』などを著《あらわ》した、中国人信仰研究の第一人者）の『天壇』（山本書店）に詳しく記されているが、これは最も重要な祭儀であったらしい。これらの信仰や風習は一部を除いて多くが失われているが、その背後にある循環的季節観はもちろん今も変わっていない。

そして著者は、このような根強い基層的な宗教性の上に、神道、儒教、仏教を見る。仏教も儒教も日本に輸入されると大きく「変質」する。小室直樹《こむろなおき》氏（注：経済学者、法社会学者）のように日本の仏教史、儒教史は「誤読・誤解史」であるという人もいる。

そのような変質をもたらしたもののあらわれとして、日本の原始宗教や民間信仰やそのあらわれとしての通過儀礼や年中行事を見、それを基盤としつつ、輸入の宗教と習合し、またそれによって、自らも有史宗教の形態をとって行ったものとして神道を見る。

そして神道という言葉は元来は『易経』の「観二天之神道一、而四時不レ忒《たがえず》……」で道教を意味するが、「上代日本では、日本古代の思想・信仰を、外来の思想・信仰から区別しようとして、これを神道と称し」たと定義し、『日本書紀』で聖徳太子の父用明《ようめい》天皇について「天皇信㆓仏法㆒尊㆓神道㆒」をあげている。そしてその神道を著者は祭・学・教の三種に分け、「祭は神社神道、学は国学すなわち復古神道、教は教派神道」とする。

神道の終着点

このように紹介しつつ、その一つ一つをさらに論じていけば、その内容はとうていこの短い「私の本棚から」にはおさまり切らない。そこで著者が神道の終着点と見る「平田《ひらた》篤胤《あつたね》の基督教的唯一神教、神道は終着点に達す」に触れて終わることにしよう。

神道はしだいに一神教化し「宗教学者マックス・ミュラーが創唱した交替一神教《カセノシイズム》の類型」となり「伊勢外宮《げくう》（注：伊勢神宮の外宮〈豊受宮《とゆけのみや》〉）の度会氏《わたらいうじ》が、天御中主神《あめのみなかぬしのかみ》（国常立尊《くにのとこたちのみこと》）を最高神」とするに至り、「平田篤胤は、中国における基督教書類を読み、同じく天御中主神をもって唯一神教を唱えるに至りました」として、マッテオ・リッチ（注：中国で布教したイタリア人宣教師）の『畸人十篇』の翻案である『本教外篇』を取り上げた。

この『本教外篇』については別の機会に取り上げたいが、この点に関する著者の結論を次に引用しよう。

「神道を重んじ、その純粋性を保つために、儒教・仏教を斥《しりぞ》け、これと習合した多くの神道諸派を非難した平田篤胤が、厳禁の基督教書類を読み、その影響を蒙《こうむ》って、神道の根本である神観念を基督教の神観念と同じ唯一神教へと達せしめたことは、以上に詳《つまび》らかにしたとおりであります。

神道は、かくしてついに唯一神教という終着点に到達しました。しかし神道が唯一神教に終着したからとて、これは少しも基督教の唯一神教とは繫《つな》がりません。何となれば、神道の唯一神教は自然宗教の終点に過ぎ」ないからであり、両者の違いは「程度の相違でなくて、全く性質の相違であるからです」と。これは重要な指摘である。

本書は最初に記したように「網羅的・概説的」であるから「交替一神教《カセノシイズム》」としての神道と国家神道と天皇制と超国家主義」までは論を進めていない——もちろん「国家神道」の項目はあるが——。

だが以上の指摘は、しばしば言われる「日本のカミはヤオヨロズのカミガミに見られるように唯一絶対神を意味しないから、現人神をその意味にとったのは占領軍の誤解」という主張は必ずしも正しくない。だがそれは「自然宗教の終着点としての唯一神」がヘブライ＝キリスト教的神概念と同じということではない。

これらの点でも、日本人が自らの宗教に対して何も知らないということは、単に「外国に自らを紹介し得ない」という冒頭に述べた問題だけでなく、さまざまの国内問題への基本的な理解・解決をさまたげている点にも問題がある。

たとえば、首相の靖国神社参拝問題である。マスコミは年中行事のようにこれを取り上げるが、これは基本的には「宗教問題」のはずであり、靖国神社が神道の神社である限り、平田神道以来〝神学化〟した神道の〝神学〟をもとにその是非が論じられねばならないはずである。

だが、そういった議論はまったくないし、新聞にこれを論ずる能力はない。一体、平田篤胤が、総理大臣なるものが公人として、あるいは私人として神社に参詣《さんけい》することを是《ぜ》とするか非《ひ》とするか、あるいはいずれが是で、いずれが非であるとするか、という形で起こるのが、普通は「宗教に関する論争」のはずなのだが——。

もっとも冒頭に戻れば、これも「流行に乗らない」話で、安直に新聞の尻馬に乗って「識者の短評」を記すことが流行なのかもしれない。

第三章

世間を読む

「真の権力者」を問う

『貞観政要 上下』（新釈漢文大系95・96　明治書院　一九七八年）
原田種成（はらだ・たねしげ）＝校定　一九一一―一九九五年。漢文学者。

桓武天皇以来の政治倫理学教科書

新聞は「政治倫理！　政治倫理！」の大合唱である。

日本の新聞は常に、自分の発する言葉にはなはだ無責任であるから、言ったら言いっぱなしで、「そうおっしゃるなら新聞が『政治倫理学大系』か『政治倫理綱要』を発表し、自己の主張する『政治倫理』とはいかなる内容なのか、明確にする義務があるのではないか」と言ったところで、それに答えようとはしないであろう。

だが新聞の主張や報道の姿勢を追っていくと、彼らが抱いている「政治倫理」なるものの内容がある程度はつかめる。そしてその倫理の基準は、どうも西欧民主主義《ウエスタン・デモクラシー》の基準とはまったく違うらしいこともある程度は看取《かんしゅ》できる。

この点を、ある種の「いら立ち」をもって指摘しているのが小室直樹氏であろうが、氏の指摘はむしろ「奇矯《ききょう》」と受け取られるにすぎないであろう。

商品としての新聞が「政治倫理」の大合唱をするのは、これが最も読者に受け、同時に、失敗のあり得ない最も安全な主張だという営業的要請に基づく点もあるであろう。というのは具体的政策の提言は、歴史は――とまで長くなくても――一定の期間の後には、そのあやまりを指摘できる。

事実、過去の新聞の主張は、今読み返してみると実にあやまりが多く、もしこんな主張に日本が従っていたら、とんでもないことになったであろうと思われるものも決して少なくない。

新聞自身もこれに気づいているのであろう。この点、「政治倫理」の大合唱は最も安全な営業政策で同時に保身の策であろうから、この大合唱は当分続くと考えてよいであろう。

ではなぜ「政治倫理」という言葉がこのように一般受けするのであろうか。多くの人が指摘するように、これは「聖人（皇帝）君子（官僚）」の政治を理想とした中国の影響であろうが、この点で見のがすことのできないのが『貞観政要《じょうがんせいよう》』である。

「貞観の治《じょうがんのち》」といえば唐《とう》の太宗《たいそう》の時代、日本の遣唐使がはじめて中国に行った時代、また中国の政治的理想が達成された「模範的な時代」とされる時代である。

そしてこの唐の太宗とその臣下《しんか》、硬骨漢の諫臣《かんしん》（注：天子の非をいさめる家臣）魏徴《ぎちょう》や王珪《おうけい》、名宰相《めいさいしょう》の房玄齢《ぼうげんれい》や杜《と》如晦《じょかい》などとの問答や議論を記したのが『貞観政要』である。

この本は桓武《かんむ》天皇のころ（八〇〇年ごろ）に日本に渡来したと思われ、以後一貫して日本人の政治倫理学教科書になった。

多くの天皇がこの書の講義を受けたという記録が残っている。また源頼朝《みなもとのよりとも》も読んだらしい。「らしい」というのは、読んだという記録はないが、北条政子《ほうじょうまさこ》が、菅原為長《すがわらのためなが》（注：平安末期から鎌倉初期の公卿《くぎょう》）に翻訳させて読んでおり、これはおそらく頼朝の影響だと思われるからである。さらに徳川家康もこれを愛読し、関ヶ原の年すなわち一六〇〇年に開板《かいはん》（注：出版）している。

また政治に関心のあった日蓮《にちれん》はこれを全文筆写しており、このほかにも多くの人がこの書の影響を受けている。

そしてこの書の大きな特徴は、論じられているのが政策問題よりもむしろ、理想的政治家はいかにあるべきかということ、日本でしばしば問題とされる政治家の「姿勢」、さらにその背後にある政治倫理の問題なのである。

これはもちろん政策論がないということではないが、政策を論ずるにも絶えず政治倫理が問題とされるところにその特徴があり、これは儒教《じゅきょう》体制からすれば当然のことであろう。

したがって、本書にはマキアベリズム的発想（注：目的のためには手段を選ばないなど）は皆無《かいむ》といってよい。悪くいえば、マキアベリ的な政策を採用しても、必ずそれが道義的に裏づけられ、政治倫理に適合されなければならぬわけである。これが「徳治《とくち》主義（注：道徳により国を治める）」なるものの特徴であろう。

「大衆帝王」は糾弾できない

実は最近この書のおもしろいところを現代的に解説してくれとある出版社からたのまれ、原田種成博士校定の『貞観政要上・下』約一千ページを読み返してみて、「なるほど、これが日本人の政治倫理の基本となったのであろうな」と思わざるを得なかった。

考えてみれば、それは少しも不思議ではない。何しろこの本は日本人が一貫して読みつづけて来た「政治倫理学教科書」だったのだから――。

読み返してみて、私のような凡俗がつくづく感じたことは、まず第一に、中国の皇帝などには、「なるもんじゃないな」ということであった。

イスラエルの王は、神との契約で王となったのだから、契約違反をすれば預言者《よげんしゃ》に糾弾《きゅうだん》される。

一方、中国の皇帝は「徳」があるがゆえに「天工《てんこう》人《ひと》其《それ》代レ之《これにかわる》」（天がおこなうことを人が代行している）の任にあるのだから、「失徳」と見られればまず、諫議《かんぎ》大夫《たいふ》などという「諫言・諫奏（注：主君に忠言を申しあげる）」専門の係りがいて、ズケズケといさめる。

その言い方は相当にものすごく、凡人がこんなことを言われればカーッと頭に来そうなことを言う。ところが太宗のような名君になると「よく言いにくいことを直言してくれた」と、絹百匹（注：時代によって異なるが、だいたい布地二反《たん》＝約二〇メートルが一匹。つまり莫大な量の比喩《ひゆ》。次も同）とか黄金百斤《きん》（注：一斤は約六〇〇グラム）とかを特別ボーナスにくれるのである。

私がある会社員に面白半分に「どう、あなたの会社の社長にこれだけのことを言ったら、特別ボーナスをくれる？」と聞いたところ、「とんでもない、どっかにとばされますよ」ということであった。

こう見てくると、現代の社長などの方が、大帝国唐の皇帝よりも「暴君」なのかもしれない。

もっとも中国でも、太宗のような人は例外で、うっかり諫奏などすると、首を切られるか、どこかへとばされるのが普通だったらしい。

魏徴という硬骨漢も、こういうことを言えば首がとぶかもしれないと覚悟をして発言した場合もあり、「終わりを全《まっと》うできない十ヵ条」（注：『貞観政要』巻十の「慎終《しんしゅう》」第四十）を諫奏したときには、末尾に、私の言うことが気にいらなければ遠慮なく首を切ってくれと言っている。いずれの時代でも権力者に直言するというのは、たいへんなことである。

したがって徹底的に糾弾されている者は、権力なきものと見てよい。角栄糾弾をおこないうるのも、彼すなわち「一審判決懲役四年の刑事被告人」がすでに、総理時代の「職務権限も準職務権限」も、さらにこれに附随している「黒幕的暗黙権力」も持っていないからであろう。

この「総理角栄」と「刑事被告人角栄」への新聞の態度の違い方、それは当時の新聞と読み比べてみると、「君子豹変《くんしひょうへん》」よりむしろ「小人革面《しょうじんかくめん》（注：徳のない人は表面的に改めるだけ）」的で、新聞も相当に「風見鶏《かざみどり》だな」という気がする。

風見鶏とは自分に決定的な権力がない場合に生ずるはず。こうなると新聞も含めて、昔の帝王のような権力を持っている政治家はすでにいないと見るべきかもしれない。

では一体、権力者は誰なのか。

おそらくそれが「大衆」であり、選挙民である。角栄は糾弾できても、角栄およびその一党に一定の権限を与えている選挙民、つまり「大衆帝王」は糾弾できない。うっかりやれば新聞がボイコットされる。

この「大衆帝王」に、ボイコットという〝斬首《ざんしゅ》〟を覚悟で諫奏できる新聞はないであろう。こう見ると新聞とは「購読者＝大衆」の「臣」なのかもしれない。

臣を見分ける「六正・六邪」

この点では、新聞も政治家も似たようなものかもしれぬ。政治家がどんな大きな権力を持っているように見えても「落選すればただの人」であり、彼を当選させるか落選させるか、その鍵《かぎ》を握っている者すなわち選挙民が真の権力者であろう。

新聞が全力をあげて「角栄糾弾」をやっても、選挙民が彼を当選させれば、一定の権力は保持できる。それなら真に糾弾すべきものは彼でなく選挙民のはずだが、前記のように新聞にはそれはできない。そうなると、新聞が触れることもできない権力によって代議士になっている者もまた、「選挙民＝大衆」の「臣」ということになるであろう。

ではこの「臣新聞」や「臣政治家」は、「大衆帝王」にどのような態度をとっているのであろうか。帝王をあやまらすのは常に「臣」であり、そこで臣を見分ける「六正《りくせい》・六邪《りくじゃ》」という基準が『貞観政要』にある。

そこで「大衆帝王」は「臣新聞」「臣政治家」が果たして「六正」か「六邪」かという点で、評価しておくことも必要であろう。

次に「帝王」のところを「大衆」とし、現代文に書き改めてその部分を引用してみよう。

まず「六正」——

㈠きざしがまだ動かず、兆候もまだ明確ではないのに、そこに明らかに存亡の危機を見て、それを未然に封じて、大衆を、超然として尊栄の地位に立たせる、これができれば「聖臣」である。

㈡とらわれぬ、わだかまりなき心で、善《よ》いおこないの道に精通し、大衆に礼と義を勉《つと》めさせ、すぐれた計りごとを進言し、大衆の美点をのばし、欠点を正して救う、これができれば「良臣」である。

㈢朝は早く起き、夜は晩《おそ》く寝て勤めに精励し、賢者をすすめる（注：賢者の登用を進める）ことを怠《おこた》らず、昔の立派なおこないを説いて大衆をはげます、これができれば「忠臣」である。

㈣事の成功・失敗を正確に予知し、早く危険を防いで救い、くいちがいを調整してその原因を除き、禍《わざわい》を転じて福として大衆に心配させないようにする、これができれば「智臣」である。

㈤節度を守り、法を尊重し、高給は辞退し、賜物《たまもの》は人に譲り、生活は節倹を旨《むね》とする、これができれば「貞臣」である。

㈥国家が混乱したとき諛《へつら》わずにあえて峻厳な大衆の顔をおかし（注：顔をつぶす）、面前でその過失を述べて諫《いさ》める、これができれば「直臣」である。

次に「六邪」――

㈠官職に安住して高給をむさぼるだけで、公務に精励せずに世俗に無批判に順応し、ただただ周囲の情勢をうかがっている。これが「具臣」である。

㈡大衆の言うことには、みな結構なことですと言い、そのおこないはすべてご立派ですと言い、密《ひそ》かに大衆の好きなことを突きとめてこれをすすめ、見るもの聞くものすべてよい気持ちにさせ、やたら迎合して大衆とともにただ楽しんで後害《こうがい》を考えない。これが「諛臣《ゆしん》」である。

㈢本心は陰険邪悪なのに外面は小心で謹厳、口が上手で一見温和、善者や賢者をねたみ嫌い、自分が推挙したい者は長所を誇張《こちょう》して短所を隠し、失脚させたいと思う者は短所を誇張して長所を隠し、賞罰が当たらず、命令が実行されないようにしてしまう、これが「姦臣《かんしん》」である。

㈣その知恵は自分の非をごまかすに十分であり、その弁舌は自分の主張を通すに十分であり、家の中では骨肉を離間《りかん》（注：仲たがい）させ、朝廷ではもめごとをつくり出す。これが「讒臣《ざんしん》」である。

㈤権勢を思うがままにし、自分に都合のよいように基準を定め、自分中心の派閥をつくって自分を富ませ、勝手に大衆の指示を曲げ、それによって自分の地位や名誉を高める。これで聞こえさせる。これが「亡国の臣」である。

くらまし、黒白を一緒にし、是非の区別をなくし、大衆の悪を国中に広め、四方の国々にま

(六)佞邪《ねいじゃ》をもって大衆にへつらい、大衆を不義に陥《おとしい》れ、仲間同士でぐるになって大衆の目を

が「賊臣」である。

日本には「六邪」しかいない？

昔は権力が帝王に集中していたから、もしこれが暴君ならそれを打倒すればよかった。だが「大衆帝王」が「六邪」にそそのかされて暴君になると、結局は、われとわが身を倒すという結果にならざるを得ない。

プラトンが援助したディオン（注：プラトンの弟子で暗君ディオニュシオス二世に反旗をひるがえし、一時的には成功するが、市民の要求に応えきれず、部下に殺される）の革命以来、民主主義は結局、「大衆帝王」が、欲望が無限に肥大化する暴君となって自ら倒れるのである。

太宗は暴君が倒れるのは「脛《はぎ》（注：すね）を割《さ》きて以て腹に啖《くら》わすがごとし。腹飽きて、身斃《たお》る」（注：『貞観政要』巻一の「君道」第一）という状態だと言ったが、これは「大衆帝王」でも同じで、自らの脛を食うような状態で倒れるわけである。

『貞観政要』は古い本であり、確かに、西欧民主主義《ウエスタン・デモクラシー》とは関係ない本だが、しかし日本人が

伝統的倫理観に基づく政治倫理を要請するならば、多くの示唆《しさ》に富む、まことにおもしろい本である。

「大衆帝王」に諫言・諫奏する者はいないであろう。大衆は「六邪」に取りまかれているのかもしれぬ。

それが非常に危険な状態と思うならば、各人が硬骨漢魏徴を諫議大夫にやとったつもりで本書を読むのも一興であろう。

そしてその言葉を自分および大衆への諫奏と思って読むと、日本にはどうも「六邪」しかいないような気がして、相当に危険な状態ではないのかなと思う。

時代の〝空気〟を読む法

『新聞記事で綴る明治史（上・下）』（荒木昌保＝編　亜土　一九七五年）
『新聞記録集成　明治・大正・昭和大事件史』（石田文四郎・新聞資料調査会＝編　錦正社　一九六四年）

歴史書にはないおもしろさ

アーサー・ケストラーの『真昼の暗黒』（注：一九四〇年に出版された政治小説）という小説の中に、後に粛清《しゅくせい》されるソビエト共産党の幹部ルバショフが、秘書を相手に次のような趣旨の皮肉を言う場面がある。

すなわちスターリンが歴史を全部書きかえ、そのため、ある本は絶版にし、また改訂版を出している。とくに『ソビエト共産党史』の改竄《かいざん》（注：勝手に書き直す）などは徹底したものだが、これではそのうちに「プラウダ（注：ソビエト共産党の機関紙）」の改訂版も出さねばなるまい、と。だが、これだけはスターリンでも不可能なのである。

確かに「プラウダ」が「真理《プラウダ》」を報道しているとはいえないであろうが、「過去に於《お》いてある種の報道をした」という事実は否定できない。そしてこの「事実」が、スターリンにとってどのように不都合なものであっても変えることはできない。

この点で最も正確に資料が残り、改竄も、改訂も不可能なものが「報道史」、言葉を変えれば「新聞史」というより「新聞集成」である。

これを読みたい人は国会図書館に行けばよいわけだが、これがそう安直に行かない。私のように国会図書館に歩いて行ける所に住んでいる者でも、一部はマイクロ化されているあの膨大《ぼうだい》な量の新聞を見ると、さて、どこから手をつけてよいかわからぬという状態になる。

こういう場合、まず「手引」として「抄録《しょうろく》」を読み、次にそれに関連する部分を探せればたいへんに便利だし、この「抄録」を読んだだけで、それである時代の「報道史」の「流れ」を知ることができれば、ある程度はその時代というものがつかめる。

簡単にいえば、戦前には戦後のような新聞はあり得ないし、戦後には戦前のような新聞はあり得ない。そしてそれをたどって行けることは「改竄されざる歴史の一面」をたどって行けるということである。

こういう便利な本の一つに『新聞記事で綴《つづ》る明治史（上・下）』（注：この上巻に、山本七平は「序」を寄せている）があり、『新聞記録集成　明治・大正・昭和大事件史』がある。

ただ前者は明治四十五年（一九一二年）七月三十一日で終わり、後者は昭和二十年（一九四五年）十二月三十一日で終わっていて『戦後史』がないのが少々残念だが、明治とか戦前とかがどのような時代であったかを、「戦後教科書」ふうでなく、直接に肌で感じて知ることができるのがおもしろい。

前記のルバショフ的「皮肉」を言えば、〝日本図書社長〟とでもいうべき「第四権力」も、これの改訂版を出すことだけは不可能だからである。

これらを通読するおもしろさは、ある年代から上の人には細かく説明しないでもわかってもらえると思う。というのは、昔は畳《たたみ》の下に虫除けのために古新聞を敷いた。年一回の大掃除で畳をあげると赤茶けた古新聞が出てくる。つい手にとって、「ははあ、確かあの年のあの月には、こんな事件があって新聞は騒いだなあ」などと思って読みはじめると思わずそれに熱中してしまって、大掃除のほうはおざなりになる、といった体験は多くの人がしているであろう。

いわば新聞には一種の臨場感《りんじょうかん》があり、古新聞を読むとその時代の「感覚」がわかるというおもしろさがあり、これは他の歴史書では味わえないおもしろさである。そして前記の二冊のおもしろさは、同じようなおもしろさである。

あるいは記事の内容が正確か不正確か、そのときどのような見通しを持ち、それがいかに根拠なきものであったかを探るのもまた別のおもしろさである。だがもっとおもしろいのは論調であろう。

大転換期を日本人はどう生きたか

明治という時点で限ってみても、新聞の論調はまことに一貫しておらず、時代時代の〝空気〟に極端に左右され、連続して読んで行くと文字通り「軽佻浮薄《けいちょうふはく》」なのだが、一つ一つはまことに荘重で重々しく、もったいぶって教えを垂《た》れているのがおもしろい。そしてこれは、明治・大正・昭和を通じた『新聞記録集成 明治・大正・昭和大事件史』のほうでも同じである。

と同時に、小さな記事を追っていくと、その背後に見える日本の庶民がまた、まことにしたたかな存在であることもわかる。

いまＴＢＳと文藝春秋の共同で、明治元年から明治五年（この年の十二月三日をもって明治六年一月とし、太陽暦になる）までを中心に、この大転換期の日本人の生き方を探究している（注：一九八三年二月十一日に「切腹と石油」と題して、ＴＢＳ系テレビで放送）。現在も転換期だなどといわれ、また終戦も大転換期のようにいわれるが、いずれも、明治初年と比べれば大した転換とはいえない。

このとき日本の庶民がどのようにこれに対処して行ったかは当時の新聞を読むとよくわか

る。そして私がこの部分をテレビと活字の双方で追究してみたいと考えたそもそもの発端は、実は、前記の二著にあったのである。

いわばこれを見て「オヤッこれは……」と思う端緒《たんしょ》をつかむ。そこでさまざまな興味がわき起こってきて、その端緒からさまざまな方向へと問題を追って行くと、転換期に対処した日本人の姿が見えてくるのである。

端緒は次の記事であった。

「我国ニテハ未ダ石炭油（石油）ノ製法ヲ知ラザリシガ、石坂霞山《いしざかかざん》（注：石坂周造の号）翁《おう》始テ之《これ》ヲ発明シ、当秋其《その》製法ヲ実地ニ試ントテ信濃口《しなのぐち》ニ至リ、長野県管下ノ山野ヲ跋渉《ばっしょう》シ、水内郡ニテ不図《ふと》草生津《クソウヅ》ノ油井戸《ゆせいど》ヲ探リ出シタリ。然ルニ従来此《この》油運上年々（注：毎年）永百五十文宛《ずつ》ヲ納メ勝手ニ之ヲ用ユルコトヲ許サレシカドモ、其製法ヲ知ル者ナクシテ多分ノ国益ヲ土中ニ埋メ置ケリ。世ノ開クルニ随ヒ、翁ノ素志始メテ伸ビ、庁ニ告ゲ衆ニ詢《はか》リ、之ヲ製シ試ルニ、油質最モ純美其焔《そのえん》（注：ほのお）温和ニシテ、自カラ劇炎ノ患ナク、最上ノ佳品トナレリ。依テ官許ヲ得、会社ヲ結ビ、諸方ニ売捌所《ばいはつ》（注：販売所）ヲ設ケ、以テ偏《あまね》ク世ニ行ハルルニ至ラバ、国益ノ最モ大ナルモノナルベシ」（一二・一、新聞雑誌一二五。明治四年一二月の日新堂刊「新聞雑誌」という名称の新聞の第一二五号）

これは驚くべき記事である。明治元年は慶応四年、この年の一月三日が鳥羽《とば》・伏見《ふしみ》の戦い、九月二十二日会津藩の降伏で、幕府と諸侯への忠誠は終わる。そしてこの年から正味三年余で、石油の精製の発明が新聞の記事になる。

一体この三年余の間にどのような転換があって、主君のために切腹していた人間が、石油の精製へと向かったのであろうか。考えてみれば実に不思議である。

「報道されない事実は存在しない」

さらに不思議なことがある。それまでも草生津《クソウヅ》（注：原油）の井戸、すなわち油井《ゆせい》があり、それを採取して「運上」すなわち「税金」を支払っていたという事実である。ということは徳川時代にも、限定的とはいえ草生津すなわち原油が用いられていたということである。

では一体、このような井戸を掘り、掘って得た原油をどのように使っていたのであろうか。また石坂霞山が発明したという石油精製の方法とはどんなものであったのであろうか、という興味である。

と同時にこの新聞記事の内容が果たして正しいのかどうかという問題もある。さらにランプというものを知った瞬間の日本人の反応の仕方や、それによって在来のナタネ産業がどうなったかといった問題もある。これらの探究をはじめると、短い新聞記事の中にも無限ともいえる研究すべき課題があるということになる。

その一端を記すと、まずこの新聞記事は不正確であり、石坂霞山以前にすでに石油の精製をやっていた人物がいたことがわかる。そのため霞山は後に特許を申請するのだが、これが却下される。そしておもしろいことに霞山もその先人も着想が同じで、共に、焼酎をつくる「らんびき」という方法からヒントを得ている。

さらにもう一つの不正確な点は、霞山の方法による製品が必ずしも「油質最モ純美ニシテ……最上ノ佳品トナレリ」ではなかったことである。ガソリン分が混入すれば「劇炎ノ患」を生ずる。しかし重油分が混入すれば、もうもうたる黒煙を生ずる。したがってこれは精製の第一歩を、他よりおくれて踏み出したということだから決して新しいことでなく、完全だったわけでもない。

ただ新聞がこれを知ったのがはじめてであったというにすぎない。いわば「報道されない事実は存在しない」というマスコミの持つ問題性は、すでに明治四年に出ており、しかも報道されれば事実でないことも事実になってしまうという問題点もここに出ているわけである。

さらに「運上」すなわち税金を徳川時代にも納めていたということは、これが利用される商品だったということである。徳川時代にも石油というより原油が利用されていたことはほとんど知られていない。そこで「運上」の面から探究していくと、これが採取されて、「あかしん台」という灯火、行灯《あんどん》とは違った形の灯火で徳川時代にすでに用いられていたことが明らかになる。

これは黒煙をあげて悪臭を出すから上等とはいえなかったが、農家などが土間《どま》等で夜業をする場合の灯火として用いられていた。さらにそれだけでなく、一種の農薬としても用いられていた。

簡単に言えば、これを田の水面にまくと原油の被膜ができる。そこで稲からウンカ（注：セミのかたちに似た害虫）をはらい落とすと、落ちたウンカはこの油のために羽根《はね》がくっついて飛び立つことができずに死滅するわけである。さらに防腐剤としても用いられていた。

国民に浸透しなかった天皇制

以上のようなこともわかるが、政治面では天皇制がなかなか国民に浸透せず、新聞が一所懸命、天皇制を徹底させようと努力しているのもわかる。

次は明治七年十一月二日の読売新聞（注：創刊号、すなわち第一号）の記事だが、天皇に関する新聞記事を明治・大正・昭和と追って行っただけで、明治以降の日本人の、というよりマスコミの「意識の変化」がわかって、これもまたおもしろい。

この天皇に関する記事だけを抽出して並べても、一つの「歴史」が書けるほどだが、紙数がないので、今回は、読売新聞の記事の引用にとどめよう（原文のまま）。

「明日は天長節といつて、日本皇帝《てんし》睦仁陛下の御誕生日でございます。以前将軍家で国中の御政治をあづかつていた頃とちがつて、今では皇帝《てんし》さまが御自しんで御政治を遊すやうになつたからは、此日本に、生れた人々《ひとたち》は旧《もと》の五節句などと違ひ、大祝日ゆゑどんなにもして、朝廷《おかみ》を御祝申上また銘々も気げんよく楽しまねばなりません。

本文《(ママ)》にいふ睦仁とは恐多くも天子様の御名まへで、陛下といふのは天子様を敬《うやまつ》ていふ言葉、天子さまの様《さま》の字にあたります。総て国に二人となき君主《きみ》をうやまふことばゆゑ、御布告などの様な表だつたときには様とはいひません。英吉利《いぎりす》、魯西亜《おろしあ》、阿蘭《おらんだ》などの帝王もおもだつたときは陛下といはなければなりません。しかし亜米利加《あめりか》、仏蘭西《ふらんす》などは王がなく、大統領といふものが首《かしら》で、政治をしますから、これらは陛下とはいひません。彼様事《こんなこと》は追々分るやうに申します。又皇帝《てんしさま》の御名まへも知らずに居る人がいくらも有りますが、此国に生れて知らずに居ては親の年をしらぬやうなもので済ない事だから、よく覚えて居ねばならず。又天長節も是までは大神宮の御祭だの、天子様の御先祖の御法事だのと思つて居る人も多くありますゆゑ、序なから申て置《おき》ます」

これが年とともにどう変化していったか。これは何かの機会に記したいと思っているが、いずれにせよこの二冊すなわち『新聞記事で綴る明治史（上・下）』『新聞記録集成　明治・大正・昭和大事件史』は、改訂も改竄も出来ないがゆえに、まことにおもしろい読み物なのである。

と同時に、前記の石油の場合のように、それを端緒としてさらに探究を進めれば思いも寄らぬ事実の発掘から、日本人の特性を探ることもできる。

また、天皇、陸軍、政党等に対する記述の変遷《へんせん》や、欧米や中国、韓国に対する書き方の変遷等から、日本近代史の一面を探っていくこともできる。

さらに、日本の新聞が「石油ショック」までは中東に対してまったく無関心であったこともわかる。そしてそれを追って行くと、明治以降の日本人の「意識の変遷史」も明らかになるし、また現在の新聞が、自らが記して来たことに対して何の責任も感じず、また反省もなく、日本の新聞の持つ問題点は昔も今も変わりがない、ということもよくわかるのである。

そのように読んで行くと「戦後新聞集成」を編纂《へんさん》してみたいという気持ちにもなる。それをまったく機械的に、何の作為も加えずに、「一面トップ記事」だけでやっていったら、そしてそれを通読したら、これは最高におもしろい読み物になるのではないかと思う。

というのは、連続して読めば軽佻浮薄と感じざるを得ないのに、その一編一編一語一語がまことに荘重でもったいぶっている、というのが、モリエールの喜劇などでしばしば使われている手法だからである。

著者は語らず、史料をして語らしめよ

『日本文化史』全七巻、『日本文化史 別録』全四巻（春秋社　一九四八―一九五六年）

辻善之助（つじ・ぜんのすけ）一八七七―一九五五年。実証主義的研究を貫いた歴史学者。

日本史について知りたい人へ

『新聞記事で綴る明治史（上・下）』と『新聞記録集成 明治・大正・昭和大事件史』を紹介したところ、早速に読者から、「全日本史を通じての、そういった本はないか」という問い合わせがあった。

簡単に言えば「おもしろく読めて、しかも時代の推移がわかり、同時にある時代を探究するための手引として活用できるような本」ということになるであろう。

この問い合わせは意外に多かった。このことは「どうも自分は日本史について何も知らないらしい」と思っている人が相当に多いということであろう。

これは教科書問題ないしは歴史教育にも通ずる問題だが、残念ながら新聞が発行されたの

は明治からだから、これと同じ形の「日本通史」があるわけはない。だが、同じように活用できる本はないでもない。

それは辻善之助博士の『日本文化史』(全七巻)と『日本文化史 別録』(全四巻)である。

もう十数年前のことと思うが、仲のよい、しかし相当に〝進歩的傾向〟があった友人に「あの本は、おもしろくて便利な本だ」と言ったところ、「フン」と少々軽蔑《けいべつ》した面持《おもも》ちで次のように言われた。

「あの人は歴史学者じゃないよ、一昔前の、カビの生えた学者、しかも史料学者にすぎない。史料学者なんて単なる〝史料的もの知り〟で、彼には学問としての歴史学がない」とのことであった。

だが、私にとって興味深かったのはむしろその点、すなわち彼が「フン」と軽蔑したその点であった。

「一昔前」とか「カビが生えた」とかいえばまさにその通りである。まず第一巻のはじめに「本書は、著者が大正の初より東京帝国大学の講壇に於《お》けるノートを基として稿を成せるもので、爾来《じらい》年々推敲《すいこう》を加へ、以《もっ》て今日に及んだものである」と記《しる》されている。

ではその「今日」がいつかというと、第七巻の末尾の「附言」に次のように記されている。

「予《よ》がこの稿を起したのは大正年間の事に属し、この結語を草したのは第一次世界大戦後、大正末頃の事であつた。其後尚《なお》推敲を加へて之《これ》を筐底《きょうてい》（注：箱の中）に蔵し、以て今日に至つた。今之を公にせんとするに当り、現今の情勢に照し見て、時勢の変転の激しいのに今更ながら驚かされる。文中説くところ総《す》べて二十年前の事に係り、現在の情態に適しないものがあるけれども、なまじひにこれを修正せぬが寧《むし》ろ興味あることと思ひ、敢《あ》へて筆を加へず、旧のままに存しておく」と記されている。

したがって記述の末尾は大正十年（一九二一年）、いわば私が生まれた年であり、本書の骨子はすべて私が生まれる前に記されているのである。実際に本になったのがいつのことか、不勉強な私はよく知らない。というのは私の持っている春秋社版は「再刊第一刷」と記され、第一巻の発行日が「昭和四四年一〇月三〇日」だから「初刊」がいつか明らかでない。

ただこの「再刊」の索引を作成された香原一勢《こうはらかずなり》氏（注：哲学者）がその校了を「昭和三十六年三月」と記され、その附記に、この索引作成にあたって、「博士にして御存命ならば、無論、正鵠《せいこく》を期することができるのであらうが、すでに故人となられた今日、如何《いかん》ともなし得ない……」という言葉があるところを見ると、「再刊」はすでに「遺著」なのである。

そして確かに、この昭和三十六年（一九六一年）すなわち「六〇年アンポ」の翌年から今日までを見ても「時勢の変転の激しいのに今更ながら驚かされる」。

それを思うとき、本書の末尾すなわち、大正十年の終わりに「今後の日本の文化が如何に進展し、如何に変化するか、ここに愚管抄《ぐかんしょう》（注：鎌倉初期の史論書）の一節を引いて、代《かわ》って予が所懐を抒《の》べしめる。『サテコノ後ノヤウヲ見ルニ、世ノナリマカランズルサマ、コノ二十年ヨリ以来、コトシ承久マデノ世ノ政、人ノ心バヘノ、ムクイユカンズル程ノ事ノアヤウサ、申カギリナシ』と記されているのが、まことに印象的である。

大正十年から今日までの変転、それはまことに誰も予測できないものであった。そして辻博士は、予測できないことは予測できないとしている。それが真に歴史を知る者の言葉であろう。

「資本主義は必然的に……」とか、「西欧はすでに……」とか、「必ずや日本は……」といった言葉は一切ない。

驚くべき史料の量

本書はこのように古くかつ控え目な本である。それ以後、それぞれの時代の〝歴史学過多・史料的価値ゼロ〟の本は数多く出た。

戦争中のさまざまの皇国史観的日本史、ベストセラーとなった大川周明《おおかわしゅうめい》（注：国家主義者）の『日本二千六百年史』はもとより、戦後のマルクス主義により忠実に再構成された日本史も、それぞれの発行後五十年にまたそのまま再刊できるといったものは、おそらく皆無《かいむ》であろう。

それを思うとき、私が生まれる前にすでにその大要が著作されていた『日本文化史』が、何の抵抗もなく読めるということが少々不思議である。もちろんそこには大正自由主義時代と現代との間にある種の共通性があるという点も、あるであろう。しかし、本書が今も抵抗なく読めるというのは、むしろ、私の友人が「フン」と言ったその点にあるであろう。

辻善之助博士が「史料学者」なのか「歴史学者」なのか私は知らないし、また、史料学者なのだとすると、なぜ史料学者は「フン」といわれる存在で、歴史学者は尊敬すべき偉大な存在なのかも知らない。

しかし、確かに辻博士が読んだ史料の量は驚くべきもので、私はこの本の巻末に「引用史料索引」がないのを残念に思うが、もしそれを作成すれば、膨大な量になるであろう。

というのは、どのページでもよい。そこを開けば記述のあとに必ずカッコ内に史料が記されているからである。今偶然に開いたページ、第三巻九九ページの末尾から引用すると次のようになる。

「由井ケ浜は一体に（注：もともと）風波が荒く、碇泊《ていはく》に困難な所である。往阿《おうあ》（注：勧進聖《かんじんしょう》人《にん》として有名な往阿弥陀仏《おうあみだぶつ》）はこの不便を除かうとして貞永《じょうえい》元年（一二三二）七月にその工事を始めた。北条泰時《ほうじょうやすとき》もその志に感じてこれを援《たす》け、翌月功を竣《お》へた（宗像《むなかた》神社文書・大宮寺系図・吾妻鏡《あずまかがみ》・新編相模風土記稿《さがみふどきこう》)。弘安《こうあん》元年(一二七八)肥後(注:熊本)の大慈寺《だいじじ》の寒巌義尹《かんがんぎいん》は勧進《かんじん》(注:社寺の建立《こんりゅう》その他のために寄付を募《つの》ること)を起して緑河の大渡に長橋を架け、大いに人民を利益した(本朝高僧伝・大慈寺文書)。弘安七年には叡尊興正菩薩《えいそんこうしょうぼさつ》が宇治橋を修繕し、同九年に至つて竣功した(醍醐《だいご》枝葉抄・興正菩薩感身学正記《かんじんがくしょうき》)。宇治橋はこれ以前承久元年(一二一九)に僧某が勧進してこれを架けたことがある(百錬抄《ひゃくれんしょう》)……」といった具合である。

したがって、それぞれについてさらに調べたい人はそれぞれの史料を調べればよいわけで、単なる架橋についてもこれだけ詳しいのだから、他の大事件については、さらに細かく史料があげてあることは言うまでもない。

「史料学者」の偉大さ

いわば本書は「著者は語らず、史料をして語らしめよ」であって、そこから各人がどの方向に研究を進めようと、どのような結論を出そうと、それは各人の自由なのである。

こういう本を著作することは、実にたいへんなことであろう。だがおそらくこれが「歴史教育」の基礎であり、また「思想史」研究でも、ここが基礎のはずである。

私は聖書関係の図書を出版していて、つくづく感じたことは、日本には聖書に関するこのような本がないということであった。欧米ならたとえば「C. K. Barrett, *The New Testament Background: Selected Document*, London: S. P. C. K. 1956」といった本がある。これとよく似た本はドイツ語でもフランス語でもある。

これに対応するものとして、日本人向け解説を付した『原典新約時代史』（山本書店、一九七六年刊）を出したわけだが、そのような方向へと触発されたのは、辻博士の『日本文化史』であった。

いわば西欧の最先端を行く「新約神学」に関するさまざまな著作を紹介するよりも、まず必要なのはその基礎となるべき「史料による背景」の紹介であると感じたからである。

そしてこの本をつくるのに約十三年を要したのだが、そのときつくづく感じたことは、この『日本文化史』にどれだけの時間と人間的エネルギーが投じられていたかということであった。

確かに新約時代は複雑であり、ユダヤ・ローマ・ギリシア・エジプトの史料を集めねばならず、それぞれの正確な翻訳と解説のためには、五人の著訳者が必要で、それで十三年かかっている。だが、範囲が広いとはいえ、その期間は約二世紀である。

辻善之助博士の場合は、日本に限定されているとはいえ、その期間は実に第一巻の上古―奈良時代から、第一次世界大戦に及んでいる。それは、東京帝国大学教授・史料編纂所所長という、史料を読むにまことに有利な地位にあっても、やはり、一人間の一生涯を投入しなければできない仕事であったろう。

自分でその仕事、といってもそれはあくまでも編集者としてタッチしたにすぎないが、それでも、辻博士の業績に対して到底「フン」とか「史料学者にすぎない」などという気にはなれなかった。否《いな》、それ以前からそうなれなかったが故にこのような本をつくったといえる。そしてある意味では、時流に乗ったカッコよい論文を書くよりも、「史料学者」のほうがよっぽど偉大であると感じざるを得なかった。

それが、この『日本文化史』が、今でも違和感なく読める理由であり、同時に一世紀後にも違和感なく読まれるであろうと感じた理由である。別録はこれと多少趣《おもむき》を異にし、辻博士が関心を持った人物への評伝だが、その第四巻の『田沼意次《たぬまおきつぐ》とその時代』は、最近どこかの文庫か何かで出版されたように思う。そのように辻博士の著作は息が長いが、長くて当然という気がする。

私に最も大きな影響を与えた一冊

同時に、何らかの歴史上の著作をする場合、私には常に、辻博士の『日本文化史』と前記バレットの著作、日本語に訳せば『新約時代の背景——史料選』が念頭にあった。

結局、歴史上の何かを記すということは、現代人に理解しうるような形で「史料選」を提供することであり、それ以上のことはできないし、また、なすべきではないと思わざるを得なくなったという点で、この本は私に最も大きな影響を与えたといえる。

その結果『日本的革命の哲学』であれ『勤勉の哲学』であれ、また「諸君！」に連載して、まだ本にまとめるに至っていない「日本人とイデオロギー——現人神《あらひとがみ》の創作者」（注：一九八三年に文藝春秋より『現人神の創作者たち』と題して書籍化）や「洪《こう》中将の処刑」（注：一九八六年に文藝春秋より書籍化）であれ、今の読者に理解しやすいような形で「史料」を提供しただけなのである。

辻博士の『日本文化史』はそのように人に考えさせる力を持つだけでなく、すべての人に、何かを触発させるものを持っている。

これを通読して自分が興味を感じたところから史料へ入っていき、その史料を基にしてまた別の史料に入っていくという方法もとれるし、またこれを通読して、大正時代には日本の歴史がこのように講じられたという点で、その時代を探究することもできる。また、漫然と通読しても、史料に裏づけられた日本文化史を知ることもできるのである。

冒頭に記した読者の要望に応ずるような本があるとすれば、私の知る限りでは本書が最も手ごろな本であろう。

なぜ教会史があらわれなかったのか

『キリスト教史』全十一巻（講談社　一九八〇―一九八二年）
上智大学中世思想研究所（編訳／監修）

教会史抜きの西洋史

「教科書問題（注：歴史の見方や教科書の記述をめぐって）」は一種〝国際化〟の徴候を示してきた。その結果がどうなるかわからないが、まず、日本国文部省（注：現文部科学省）の検定、中国文部省の検定、さらに韓国文部省の検定が必要という形になり、これがさまざまな国のさまざまな発言を誘発し、それがみな同じように作用すれば過去の「国定教科書」ならぬ「国際定教科書」のようなものができあがるかもしれない。

もっともこれは空想にすぎないかもしれぬが、もし日本の教科書をさまざまな国の言葉に翻訳して批判をあおいだならば、単に「侵略」「進出」といった問題ではすまない問題、いわば政治的よりもむしろ非政治的な問題も出てくるであろう。

そして真に問題とすべき点があるなら、むしろこのほうではないかと思われる――もっともこれは、マスコミ好みの問題ではないであろうが――。

というのは、私が旧制中学で習った西洋史は（これは現在の世界史でも同じだが）不思議なことに「教会史抜きの西洋史」だった。だが、「教会史抜きのヨーロッパ」などというものは、現実にはどこにも存在しない。

では現実にはどこにも存在しないこの奇妙な「歴史」を「創作」したのは誰だったのだろう。おそらく戦前の文部省とその周辺であろうが、この強固なる伝統は今もなくなっているわけではない。

戦前の日本には私の知る限りでは、日本語の『教会史』すなわちその通史は一冊しかなかった。この本は焼失してしまったが、私の記憶によれば『ラルネデ講述・教会史』（注：警醒社書店、一九〇七年刊。ラルネデは京都同志社神学校の教頭）で八〇〇ページぐらいの部厚い本であった。

私がこれを入手したのは中学の三年生のころ、それまで全然知らなかった「西洋」なるものに、新しい驚きをおぼえつつ夢中で読んだことは、今も忘れない。

だが戦後になっても、本格的な「教会史」はなかなかあらわれなかった。そして戦後も三十五年たって、やっと上智大学中世思想研究所による全十一巻の『キリスト教史』（講談社）が出版された。

その「邦訳への序言」の冒頭に、「日本文にして全一一巻におよぶ本書の原文は、最近十数年間（一九六三―七八）に、ヨーロッパ四ヵ国語（仏・英・独・蘭）で同時出版された『教会史』五巻である」とされており、書名はそれぞれの国によって違うが、ドイツ語では「Geschichte der Kirche」である。

ではなぜこれが日本では『教会史』とされず『キリスト教史』とされたのか。「序言」には「本書の邦訳名『キリスト教史』は、従来の部門史としての『教会史』との混同を避け、広く各時代の一般的〈感性〉＝センシビリティーをも包含《ほうがん》する精神状態の潮流を描写することを目的とし、〈神の民〉とかかわりをもつ諸時代の多彩な文化現象の記述を盛りこむという、原著の著作意図を一層明確に表現するため採択されたものである」とされている。

この「序言」を書かれた橋口倫介《はしぐちともすけ》教授は小学校の同級生、同級生の誼《よしみ》で少々言いたいことを言わせていただくならば、大体、「教会史」を「部門史」として扱うことがおかしいのだから、この労作はあくまでも『教会史』で押し通してもらいたかった、という気がする。

教会がヨーロッパを形成したのであり、したがって教会は決してヨーロッパの一部門ではない。だがいずれにしろやっと、いや、本当にやっと、本格的な『教会史』が日本にあらわれたのである。

「あ、あの最低人間ね」

では一体「キリスト教ヨーロッパ」なるものはいつ成立したのであろう。それはもちろんナザレのイエスが生まれた紀元前六年でもなければ、「新約聖書」の大部分が記された一世紀でもない。

その紀元は、コンスタンティヌス帝（注：ローマ帝国の皇帝）の覇権《はけん》の確立、ニケア原信《げんしん》条《じょう》（注：キリスト教の基本的信条）成立の三二五年とすべきであろう。そしてこの間の歴史を記したのがエウセビオス（注：ギリシア教父の一人で歴史家）の『教会史』（山本書店。現在、講談社学術文庫に収録）であり、またニケア会議（注：コンスタンティヌス帝がキリスト教徒間の分裂を調停するため、現トルコのイズニクで開いた全帝国教会会議）にその「信条」の原案となった「カイサリア信条」を提出したのも彼であった。

そしておもしろいことに彼のこの『教会史』（これは現代では「通史」とはいえないが）は、鑓田《やりた》研一《けんいち》氏（注：評論家、作家）が英語からの重訳で大正十四年に出版している（注：警醒社書店刊の『ユウセビウス信仰史』）。この本も焼失したが戦後再び古本屋で手に入れた。

そしておもしろいことにこの本も『教会史』という書名を避けて『信仰史』としており、訳者が序文で「此《こ》の書の原名は『教会史』であるが、此の題目は一般的なものでないから、便宜上『信仰史』と改めたのである」と記されている。

「教会史」という言葉はこの時代にも「一般的なもの」とは見られず、やはり「特殊な部門史」と見られたのであろう。

無理もない。日本で「寺院史」などという本が出れば、まさにそれは「部門史」であろうから。こう考えると、「教会史」を「信仰史」と言いかえることは、「侵略」を「進出」と言いかえることとは別の面の、ある種の問題を提起しているように思われる。

では一体、エウセビオスの『教会史』とはどんな本なのであろう。

「エウセビオス、あ、あの最低人間ね……」どういう会話から、どこでどういう拍子《ひょうし》に私がエウセビオスを口にしたのかわからないが、これは、この名が私の口から出た瞬間の塩野七生《しおのななみ》女史の反射的な批評である。

「まさに、ね」とフェミニストの私は応じたが、内心は少々複雑であった。というのは『歴史』とは勝者の手で、勝者の正当性を記す創作」だとするなら、エウセビオスはまさにそれを、その通りにおこなった人間だと言えるからである。

その意味では、ルネッサンス人塩野七生女史が反射的に「最低人間ね」と言われたのは当然であろうが、一方、勝利を得て権力者側、ないしはそれに追随《ついずい》する者の御用史家が記す「歴史」とはまさにこのようなものだ、ということをまことに正直に教えてくれるという点で、最も正直に「卑劣な正気」を、それをあくまで「正義」と信じて保持しつづけた点では「最高人間」かもしれない。

こういう人間は戦後にもいくらでもいる。その彼が「キリスト教ヨーロッパ」なるものの基礎を置くという作業で、最も重要な役割を演じて不思議ではない。といって、これはすべての御用史家にできることではない。おもしろいのはこの点である。

「歴史的記述」の限界

「ニケア信条」「コンスタンティヌス体制」「教会史」の関係は、「共産党宣言」「マルクス・レーニン主義体制」「唯物史観」といった関係の、原初的な形態といえる。

おそらく以後のヨーロッパ的思考は、常にこの三つの関係から脱することができないのであろう。そしてその歴史は必ず「宇宙」の「太初《はじめ》」からはじまる。すなわち「太初《はじめ》に言《ことば》あり」であり、それが「ロゴス＝キリスト」で、その受肉がイエスである。

このあたりは「カイサリア信条（注：ニケア信条の下敷き・草案とされる、エウセビオス提示の信仰告白文）」「ニケア信条」と対応しており、そこを起点としてそれを継承して来た使徒の時代からコンスタンティヌス帝の「キリストの勝利」の時までを記す。

次に鑓田研一氏の「大正時代的訳文」で、その「序」の一部を紹介しよう。

「尊き使徒たちの継承を、我等の救主以後現在に至るまでのさま〴〵の時代と併《あわ》せて書き記し、如何《いか》に多くの重大な処理が教会史上に起つたと云はれてゐるか、如何なる人々が最も知名な都市に於《お》いて巧みに教会を統《す》べ治めたか、また如何なる人々が、自分々々の時代に、或《あるい》は口で、或は筆で、神の言葉を宣《の》べ伝へたかを語り、更に、改革慾に唆《そそのか》され、最も大きな誤謬《ごびゅう》にまで進んで、自分で自分を指導者と告げて虚偽な説を宣べ拡め、極悪の狼の様に、容赦もなくキリストの羊たちを襲撃した人々の性格、時代、数を述べるのが、此の書物に於ける私の目的である。

同様に、ユダヤ人たちが我等の救主に叛逆《はんぎゃく》した結果として、瞬《また》く間にユダヤ国民全体を圧《お》し倒した災厄を述べ、如何に度々《たびたび》、如何なる方法で、そして如何なる時に、神の言葉が此の国民の敵対に遭《あ》つたか、また我々の時代に堪《た》え忍ばれた殉教《じゅんきょう》以外に、如何なる著名な人々が流血と責苦《せめく》の時期を通じて、神の言葉のために忍耐して闘つたかを語り、最後に、我等の救主の恵み深き温和な執《と》り成《な》しを示すのが、此の書物に於ける私の目的でもある……」

いわば外部からの弾圧・迫害にいかに耐え、いかに勇ましく多くの者が殉教し、また敵がどれだけ残虐であったかを語り、同時に、自己の内部の異端・邪説・分派をどのように排除しつつ、今日の勝利に至ったかの歴史である。

その点ではまさに「勝者の歴史」そのものだが、ここに至る実に長い期間の、弾圧・迫害・殉教・異端排除の歴史は、少々うんざりする。ただ、そういう点を別にして注目すべきことは、この歴史記述の背後にあるのが、フラウィウス・ヨセフスの『ユダヤ古代誌』（山本書店。現在、全六冊のちくま学芸文庫）だという点である。

ヨセフス、おそらく彼もまた「最低にして最高の人間」であろうが、この、「ヘレニズム世界の歴史記述」の方法にのっとって「自己の歴史」という形で「旧約聖書」をヘレニズム世界に紹介した不思議な一ユダヤ人が、キリスト教の形成にどのような影響を与えたかはまことにおもしろい問題である。だがこれはまた別の機会に記すことにして、エウセビオスについてもう少し記そう。

以上のように記すと、彼の『教会史』が無価値なデッチあげのような印象を与えかねないが、決してそう簡単に断定できるものではない。というのは彼は文字通りの大勉強家・大努力家で、その『教会史』は、今は失われてしまった多くの貴重な文書・著書の抜萃《ばっすい》集ともいえ、初期教会を知るためには不可欠の史料の宝庫だからである。

そしてそれが「史料の宝庫」であるが故に、また彼の主張にはみな「史料的裏付」という証拠があるがゆえに、ここに、「歴史的記述の限界」というものを思い知らされるのである。「史料」をいかに採択し、いかに排列するかによって、徳富蘇峰《とくとみそほう》（注：言論人、評論家）の『近世日本国民史』にもなれば、戦後版のさまざまな歴史書にもなり得る。「歴史」は所詮《しょせん》、それが記された時代の産物にすぎない。

だがそれは、エウセビオスの『教会史』が「史料の宝庫」であるという価値を失うということではない。

歴史を支配するもの

では『ニケア信条』『コンスタンティヌス体制』『教会史』の中で、彼は、コンスタンティヌス帝なるものをどのように評価していたのか。コンスタンティヌスはキリスト教徒にとっては、その「救いの時」の招来者いわば「解放の英雄」であり、その戦いと勝利は「解放軍の戦いと勝利」であった。したがって彼が皇帝にたびたび頌詞《しょうし》（注：功績をたたえる言葉）を捧げ、その死後『コンスタンティヌス伝』（注：秦剛平《はたごうへい》訳『コンスタンティヌスの生涯』京都大学学術出版会）を記したとて不思議ではない。

だが、これは一口で言えばソビエト版「レーニン伝」か四人組版「毛沢東伝」のようなものであろう。またその「頌詞」は毛沢東没時の日本の新聞の「大特集」を連想されればよい。

これはあまりにひどいというので、ヤーコプ・ブルクハルト（注：スイスの歴史家。『コンスタンティヌス大帝の時代』などを著《あらわ》す）はエウセビオスを「古代で最も信用ならぬ著作家」と断定した。この点ではまさに塩野七生女史の言う「あ、あの最低人間ね」かもしれぬ。もっともこの『コンスタンティヌス伝』は、あまりひどいので、後代の偽作だという説もあるが、この説を認める学者はほとんどいない。

彼は、コンスタンティヌスを「敬虔《けいけん》なる信仰者」として描いた。そしてそれなるがゆえに、その支配は、天上における神の支配の地上に於ける模像《もぞう》と考え、皇帝は神の代理、神の模像、神によって選ばれた者、したがって教会の首長という考え方をした。

そしてそれは、彼の『教会史』の帰結であり、歴史を支配する神の摂理《せつり》いわば「歴史的必然」であり、したがってキリスト教の基本信条を討議する「ニケア会議」を皇帝が招集し司会し、その決定を公布するのも当然であった。

ここで基本的体制はできあがり、後はこの「模像」をでき得る限り天上の実像に近づけることだけが残された課題になる。そしてこの体制はビザンティン帝国からロシア帝国に継承され、一九一七年（注：ロシア革命の起きた年）まで続いた。

それは形を変えて現在も続いているであろう。そして形の変え方は違っても西欧でも続いている。

この『教会史』抜きのヨーロッパ史、それは西欧とも東欧とも無関係な、〝ヨーロッパの史料による日本史〟なのかもしれない。

征服を許さなかった小国史

『レバノンの歴史』（小玉新次郎訳　山本書店　一九七二年）

フィリップ・フーリ・ヒッティ　一八八六―一九七八年。レバノン生まれ。プリンストン大学教授等を歴任した、アラブ史研究の最高権威。

レバノンへの誇りがにじみ出ている私の愛読書

「私の本棚から」となると、私の場合はどうしても山本書店の出版物が入ってしまう。そして「最も丹念に精読した」となるとこの出版物になるが、これについて記すのは少々気がひける。というのは、それをやると「諸君！」誌上を借りて自社の宣伝をやっているようになってしまうからである。

だがこれから紹介するヒッティの『レバノンの歴史』は発行してすでに十二年、それでいて二千部ぐらいしか売れていないし、これからもそう売れるわけでもないから、「愛読書」の一つとして取り上げさせていただいてもよいのではないかと思う。

実は私自身、この本の中の聖書および初代キリスト教史に関係ある部分にのみ関心があり、最初、その部分だけを出版したいなどという虫のよい〝交渉〟をしたのだが、当然、著者に拒否され、全部を出版することになった。

当時は、出版した私自身さえ、オスマン＝トルコ時代以降のレバノンにはそれくらい無関心だったのだから、普通の人はまったく無関心で、出した本が売れなくても、それは、まあ、当然だったと言うべきかもしれない。

だが、読みはじめると「さすがはヒッティだ」と言いたくなるような筆致で、この実に複雑でかつ長い歴史を整然と系統だって記している。当然かもしれない。前に『アラブの歴史』で紹介したが、著者フィリップ・フーリ・ヒッティはレバノン生まれの生粋《きっすい》のレバノン人。ベイルートのアメリカ大学を卒業して一九一三年に渡米、後に市民権を得、プリンストン大学教授として、いわばアメリカにおける「アラブ史学」の基礎を置いた人だからである。「日本語訳へのまえがき」に「私が自分の母国について自分の帰化国の言語で書いたこの書」という言葉が出てくるが、この言葉が示すように、この本には彼の母国への深い愛情と自国文化への誇りがにじみ出ている。

一つの国を知るということ

山本夏彦氏（注：随筆家、編集者）によると日本の新聞は読んでも何もわからないそうである。確かにその通りであろう。何かあると急にレバノンが登場したり、フォークランド諸島が登場したりする。

一体全体、レバノンと四国とはどっちが大きいのか、フォークランド諸島と淡路島とどちらが大きいのかさえわからない。それなら、マロン派だとか、ドルーズ派教徒だとか、リターニ川だとかと出て来ても、それらの実体がどういうものなのか、読者にはさっぱりわからなくて当然であろう。否、書いている本人にもわからないのかもしれない。

前に私はある新聞で「レバノンのキリスト教徒は骨の髄《ずい》まで植民地化している」とか、「ドルーズ派はイスラム教の一派」といった言葉を読み、こういう言葉をヒッテイが読んだらどういう気持ちになるであろうかと考えた。

「ひとり合点」の〝正義〟を尺度にして相手を断罪したところで、それは対象を正しく読者に伝える「報道」にはならない。そしてそのために「知らない対象」を知らないままに「善玉・悪玉」に分けて、読者を、わかったような気分にさせる。そのため、「わからない」ということすらわからなくなってしまうから、始末が悪い。

そうならないためにも、「レバノン」という実に理解しにくい不思議な国についてその概要を知っておくのも無駄ではないかもしれない。これは他の国々についても言えることだから——。

レバノンには二つの面がある。第一は無数の民族が、また英雄がここを征服したこと、第二は、それでいながらその征服を完成させることができず、彼らはまるで地下組織のようにその独特の文化を保持しつづけて来たということである。

次にその二つを象徴的に記したヒッティの文章を引用しよう。

「ベイルートから北へ六マイル行くと、カルブ川が地中海に注ぎ、レバノン山脈が海に向って突き出た所がある。その切立った石灰岩《せっかいがん》の岩肌には、古代エジプト語、アッシリア語、バビロニア語からギリシア語、ラテン語、さらに英語、フランス語、アラビア語にいたる、いろいろな言語で十九の碑文《ひぶん》が刻《きざ》まれている。この狭い道で、外国の侵略者たちは土着の山の住人から決戦を挑《いど》まれたので、碑文を刻んで自分たちの武勲《ぶくん》を記念したのである。

このような記録を残した最初の人は、前十三世紀ごろにヒッタイト人と戦ったラムセス二世である。つぎにニネヴェのエサルハッドンとバビロンのネブカドネザル、さらにローマのシリア＝レバノン系王朝から出たカラカラ帝、コンスタンティノープルのスルタン（注：イスラム教国の皇帝）になったセリム、アレンビー将軍、グロー将軍らがつづく。アラビア語の碑文は、レバノン共和国が一九四六年十二月に、最後のフランス委任統治軍が撤退したのを記念して刻んだものである。

この驚くべき野外博物館に名前を留めることのできた世界的人物や征服者としては、このほかにアレキサンダー大王、サラフ＝アル＝ディーン（サラディン）、十字軍で有名なボードゥアン一世がいる……」

これはレバノンの歴史の一面をあらわしている。しかし同時にイエス時代のアラム語が今も残っているのがこの地であり、それがこの国のもう一つの面である。その部分を引用させていただこう。

「イスラム時代になってから……遠くはなれたメディナ（注：マディーナ＝都会の意。マホメットの墓地があるサウジアラビアの一都市）にいたカリフ（注：最高指導者）たちには、レバノンの戦略上の重要性が理解できなかった。彼らは、それに気をとめなかった。圧倒的多数の村の名が、カナン語かアラム語起原であるのは、この地域に、アラビア人が定着できなかったことを示している。今日、農耕についてのアラビア語の語彙《ごい》は、アラビア語以前の用語にも多くみられるし、野生や栽培用の植物の多くは、まだ古代セム語の用語をつけている」

国家の中に国家を認める

このような特徴は何もイスラム教徒に対してだけ発揮されたのではない。同じキリスト教とは言いながら、マロン派は、正統な教会をもって自任するコンスタンティノープルとも対立した。

この派は聖マロン（四〇四年ころ）に由来するといわれるが、ヒッティは「聖マロンがマロン派教会の創立者であるとすると、ユーハンナ＝マルーン（七〇七年没）はその英雄であり、前近代的意味でのこの民族の父である」と記している。

彼はダマスカスのカリフとコンスタンティノープルの皇帝の間で巧《たく》みにバランスをとって独立していた。だがついに六九四年、ユスティニアヌス二世の軍隊がこれを討伐《とうばつ》に来たとき逆に敗走させた。

「その時にマロン民族なるものが生まれたといえるかもしれない。それは排他性と連帯責任という特徴を発揮しはじめたが、他のレバノン人の生活共同体には、ドルーズ派が興《おこ》るまでにそのような特徴を発揮するものはなかった。十八世紀のイギリスの歴史家エドワード・ギボンの言葉によれば、『みすぼらしい民族』のマロン派教徒は、『自分たちを迫害したコンスタンティノープルの帝国よりも生き延びた』のである」とヒッティは記している。

この「排他性と連帯責任という特徴を発揮する」ことは、続くオスマン＝トルコ帝国の時代にも遺憾《いかん》なく発揮されている。したがって征服者は彼らの頭の上を素通りするだけで、そこにいかなる大帝国が君臨していても、彼らの中にその勢力を浸透させて行くことができなかった。

これはドルーズ派教徒についてもいえる。彼らはコーランを認めず、メッカへの一日五回の礼拝をせず、ラマダン（注：イスラム暦の九月）の断食をしない。これをイスラム教の一派だというのは無理だが、この宗教について詳述する紙数はない。

その基本信条は次の七ヵ条であるという。㈠真実に献身すること（信者同士の間で互いに）、㈡相互の安全に配慮すること、㈢すべての古い信仰（この場合はイスラム）を完全に放棄すること、㈣間違った生活をしている人びとから離れること（独立の共同体をつくる）、㈤人間性の中に神の本質を認めること、㈥主（教主ハーキム）の著作に絶対忠実であること、㈦使徒たちを通じて明示されている彼の意志に絶対服従すること。

こうなると一種の「宗教的秘密結社」のようになり、いかなる権力もその内部へ浸透できない。だがこれは、レバノン内のイスラム諸派にも波及した特性である。

そしてこれを逆に体制化したのがオスマン＝トルコ帝国であった。トルコは約四百年この地を統治したが、「中東」というむずかしい地の統治をこのように長期間継続し得た理由はここにあった。

ヒッティは次のように記している。

「ミレット（宗派制）は既存の制度をひきつぎ、それを強めたのである。大昔から近東では、人種よりも信仰によって社会階層が分れていた。このため、民衆の心のうちで宗教と民族は絡み合っていて、分けることができなかった……イスラム法は非常に神聖なもので、イスラム教徒以外には適用されなかったので、これらのミレットは個人の身分に関する限り、それぞれの宗教指導者の司法権の下におかれた……これは国家の中に国家を認めるに等しかった」と。

この「国家の中に国家を認めること」、これが、実質的には今も続いている。何しろトルコの支配が終わったのが一九一七年なのだから――。そしてこれは何もレバノンだけではない。だが最も強烈に出てくるのはレバノンである。

どこよりも生きのびて来ている民族

というのはマロン派は今ではローマン・カトリック教に属する一派だが、過去において全キリスト教文化に貢献したことに彼らは非常な誇りを持っている。

ヒッティは「(レバノンの)パピニアヌスはわずか三十七歳で、法律上の不朽《ふきゅう》の業績を残した。ヨーロッパの法律の基礎をなすユスティニアヌス法典の要録『学説彙集《いしゅう》(ディゲスタ)』には、彼の著作が約六百条にわたって引用されている」「彼(レバノン人ウルピアヌス)の著作は生き残った。『学説彙集《ディゲスタ》』の三分の一は、その二千五百条におよぶ引用である」と記し、ヨーロッパの法律の基礎は自分たちがつくったと言わんばかりである。

また彼によると、ギリシアの哲学をアラブ世界に取りついだのもレバノン人クスタ＝イブン＝ルーカで、特に注目すべきはその「ユークリッドの注解書」であるという。いわば古代ギリシアはレバノン↓アラブ↓ヨーロッパという形で継承され、ルネッサンスへと進む。

さらにこれが近世になると一五八四年にマロン派の大学がローマに出来、ここを卒業した聖職者はヨーロッパでもレバノンでも活躍している。

たとえばパリ大学のセム語教授でルイ十三世の通訳もしたジブライル＝アル＝シヒューニ、またヴァティカン図書館の館長でそれを東洋資料の世界的宝庫としたユースフ＝シムーン＝アル＝シマーニなどがいる。

その他多くの人があげられるが、こういう長い長い西欧との歴史的関係を単純に「骨の髄まで植民地化している」などと決めつけること。これが無知に基づく発言とはいえ、大きな影響力を持つ大新聞で活字になることは、少々どうかと思われる。

というのは、ギボンが評したこの「みすぼらしい民族」は、ビザンティン帝国よりもオスマン＝トルコ帝国よりも生きのびて来たが、ことによったら、米ソ二大帝国よりも、大日本経済帝国よりも生きのびるかもしれないからである。

あまりに少数民族、少数民族文化を軽蔑してはならない。

第四章

虚偽を読む

世界は悪い方向へと変化している

『イタリア抵抗運動の遺書』（河島英昭他訳　冨山房　一九八三年）
P・マルヴェッツィ　G・ピレッリ（編）

民族の「心底にあるもの」

おそらくあまり読まれていない本であろうと思う。

第二次世界大戦末期の、反ナチス・反ファシズムの抵抗運動などは、今の若い人にとっては遠い昔の物語に等しくなった。なっても不思議ではない。それは青年時代のわれわれが日露戦争を見るに等しい「時間的距離」ができてしまったからである。

さらに、本書の人々が主として対抗したイタリアのファシストは、第二次世界大戦ではあくまでも脇役《わきやく》であり、ナチスのような、はなばなしい「悪の主役」ではなかったことが、それへの抵抗者もまた戦後史の主役として扱われないという結果になった。こういう理由もあるのであろう。だがこの「遺書」を読むと、今も人類が抱えているさまざまな問題を思わせる。

それは、㈠内乱的状態とそれへの外国勢力の介入の悲惨さ、㈡戦犯という概念の発生、㈢

死生観の違い、㈣抵抗者が夢見た未来と現在との違い、等々といった問題である。だが本稿でそれらのすべてを取り上げる余裕はない。

まず当時の政治的背景を略記すると、一九四三年七月にムッソリーニが失脚してバドリオ元帥《げんすい》が首相になり、九月八日に連合国と休戦、同時にドイツ軍がイタリアへの進駐を開始し、九月十二日ムッソリーニがナチス親衛隊に救出される。十月にはバドリオ政府が逆にドイツに宣戦布告する。

一方、救出されたムッソリーニは新ファシスト政府をガルダ湖畔のサロに樹立し、イタリア社会共和国と称し、黒シャツ旅団を編成する。さらに連合軍はローマに進駐し、北イタリアでは反ファシストのパルチザンが活動し、攻撃をはじめる。

それへの鎮圧《ちんあつ》・弾圧・逮捕・処刑がくり返される。そして、彼らのほとんどが同胞の密告で逮捕され、ファシストか、ドイツ軍によって銃殺刑に処せられる。そして処刑の前に、司祭その他に託したのがこの中の「遺書」であり、本書はその収録である。

したがって「遺書」を記《しる》した者の身分、階級、職業は種々さまざまで、聖職者、将官、弁護士、大学教授、役人、技師、商人、農民、職人、労働者、計理士、学生、家庭の主婦、家事手伝い等々、老若男女のすべてにわたっているといってよい。

そういう人々が、「公表」ということをまったく考えず、死の直前に家族や親しい人に送った遺書だから、それだけに「その人の心底にあるもの」が浮かび出ている。一民族の「心底にあるもの」をこれだけ広範囲に察知し得るという点でも、本書は、まことに貴重な書といってよい。

そして、これを日本の戦犯の遺書と比べると、状況が非常に違うとはいえ、それを越えてなお、その底にある伝統・文化の違いを思わせる。この点でも、さまざまなことを考えさせる本である。

「遺書」は語る

前置きはこれくらいにして、少し紹介しよう。

本書には本人の略歴、戦歴、逮捕時の状況等が記されているが、特に必要なものを除いて、紙数の都合でそれは省略させていただく。何の説明もなければ、普通のパルチザン兵士と考えてくださってよい。

アドルノ・ボルジャンニ（十九歳・農民）

最愛の家族へ

ぼくは死刑の判決を受けました。もはや、これがぼくの運命です。どうか決して気を落とさないでください。こうなった以上は、お父さんとお母さん、弟と妹、そして親戚のみなに、別れの挨拶を送ります。どうか勇気を出してください。

あなた方の息子　アドルノより

最後に、聖体拝領《せいたいはいりょう》（注：最後の晩餐《ばんさん》にちなんだ食事をする儀式）をすませたことをつけ加えておきます。

あなた方の息子　アドルノより

それからお願いです、なるべく立派なお葬式を出して村に埋めてください。

あなた方の息子　アドルノ・ボルジャンニより

アレアンドロ・ロンギ（三十五歳・ボイラー製造工）

お母さん

この大きな悲しみをあなたにもたらす不孝を許してくれなくてはいけません。

ご存じのように、ぼくはずっと共産主義者でした。そしてこのために命を犠牲にしなければならないのです。

お母さん、泣いてはいけません。ぼくがいましっかりしているように、あなたもしっかりしてくれなければいけません。ぼくは労働者としての務めをつねに果たしてきました。誰にも迷惑をかけたことなどありません。たったいまも何ひとつ身にやましいことはありません。

いつかジェーノヴァでエウジェーニオと会いました。あなたに会いに行けなかったのが残念です。

気にかかるのはあなたと兄弟たちのことだけです。

神父様と話をしました。あなたを勇気づけるために訪ねてくださると約束してくれました。

ぼくの落着きぶりを話してくださると思います。

〈党〉から与えられた任務は最善を尽くして全《まっと》うしました。

ぼくの仕事は「ウニタ」（注：イタリア共産党の機関紙）を発行することでしたが、立派に第一号を刷り上げました。

心からの挨拶と口づけを、エウジェーニオ、オズヴァルド、ネッロ、そしてかわいいシルヴァーナとリーナに。心からの口づけを、ヴィットーリア、エットレ、そして彼らの子供たちに。心からの口づけを、ジュゼッペ叔父《おじ》さんと叔母《おば》さんと従兄弟《いとこ》たちに。

いとしいお母さんに、心から口づけをします。

あなたの息子より

マーリオ・ロッサーニ（十九歳・工員）
お母さん、お父さん、叔父さん、そしてみなさん。

昨日、判決が下りました。最後の鐘が鳴ったのです。いまはもう諦《あきら》めました。安らかに静かな死を迎えます。心配しないでください。

お母さん、いつも苦労をかけどおしだったことを許してください。これが最後です。お父さん、がっかりさせてしまったあなたにも、そしてぼくが迷惑をかけたすべての人たちにも、許しを乞います。死ぬ前に告解《こっかい》（注：カトリックで、罪の赦《ゆる》しを与える秘跡）をすることができると思いますが、とにかくぼくのために祈ってください。ぜひ、そうしてください。知合いのみなに挨拶を送ります。会社の知合いのみなにも、よろしく伝えてください。

マリウッチャによろしく。ときにはぼくを思いだし、何度でも祈ってくれるよう伝えてください。ぼくと一緒にアッティーリオやグィード、そのほか七人いますが、みな諦めています。

お母さん、お父さん、より良いもうひとつの世界で再会しましょう。心をこめて口づけを送ります、お母さんに、お父さんに、アンジェラ、ジョヴァンニ、アルド、ルチャーノ、ジュゼッピーナ、リータ、そしてヴィルジーリオに、すべての友人に、マリニャーノ町の叔父さんたちと従兄弟たちに。書き忘れている人があるかもしれませんが、よろしく伝えてください、何しろ頭の具合が……

もう一度会いたいのですが、別れが辛《つら》すぎるでしょう。せめて臨終《りんじゅう》の祈りを。お父さん、お母さん、いつまでも力を合わせてください。天からぼくが見守っています。

ＲＩＶ（彼の勤めていた会社）へぼくの持物を引取りに行ってください。

ぼくのために祈ってください、祈ってください、祈ってください。

お母さんに、お父さんに、みなに、心からの挨拶と口づけを。

こんな書き方ですみません、もう胸がいっぱいです。

心をこめて。

あなた方の　マーリオ

お父さん、お母さん、もう一度、許しを乞います。ぼくがしてしまった一切のことを許してください、許してください、許してください。心をこめて……

みなに、みなによろしく。さようならお父さん、さようならお母さん、さようならみなさん。何度でも祈ってください、ぜひ、そうしてください。もう一度くり返しますが、いつまでも力を合わせてください。

ジーノ、セルジョ、すべての友だちに、ぼくの別れの言葉を伝えてください。献花はいらないから、その場で祈ってくれるよう、言ってください。

六日　火曜日

諦めてはいるけれどもまだわずかに望みがある。

七日　水曜日

ただただ神の御力にすがるのみ。

八日　木曜日

奇蹟が起こるような気がする、元気が出てきた。

九日　金曜日

朝九時、気が滅入《めい》る。

十三時、苦しみはもうすぐ終る。諦めている。ぼくらを救うことができるのは神だけだ。

十日　土曜日

終りだ。告解を聴《き》いてくれる司祭さんが来て、聖体拝領をする。さようなら。

「戦犯」を考える

これらの「遺書」への解説や感想・批評等は差し控えよう。だが最後に、「戦犯」という問題を考えるにあたって少々考えさせる「遺書」をあげておきたい。

これはその間の事情を明らかにするため、遺書の前の「解説」ともども次に引用させていただく。

ルイージ・マスケルパ

〔五十一歳。海軍少将。一八九三年四月十六日、ジェーノヴァ市に生まれる。第一次大戦時は水上偵察機の操縦士を務め、軍功銀章を授与された。一九四三年九月にはレーロ島（エーゲ海）海軍基地司令官の任にあり、イタリア休戦協定締結後は、同基地の防衛態勢を固め、エーゲ海方面の指揮をとる。九月二十六日のレーロ島空襲に始まる、ドイツ空軍による大量爆撃と、それに続く十一月十二日のドイツ海軍による攻撃ののちも同島の防衛を指揮したが、弾薬が底をついて、十一月十四日に降伏。ドイツ軍捕虜となり、ポーランドに送られる。四四年一月、ヴェローナ市リ・スカルツィ刑務所に、ついで四月、パルマ市サン・フランチェスコ刑務所に、移送される。空襲で半壊した同刑務所をパルチザンが襲撃して、獄中の政治犯を解放したが、インゴ・カンピオーニ海軍大将とともに、間近に迫った裁判を受けるべくあえて留《とど》まる。五月二十二日、パルマ特設法廷において裁判。五月二十四日、パルマ射撃演習場で、インゴ・カンピオーニ海軍大将とともに、銃殺された。軍功金章〕

わたしのフリーダ

強く生き、勇気を出しておくれ。神がきみを守ってくださるだろう……心をこめて、きみを抱擁する。きみと一緒に、母と兄弟と祖母のみなをも。

お祈りのときには、わたしのために祈っておくれ。わたしも神に召された高い所から、いつもきみを見守っているから。〈祖国〉を愛した！　そのことが唯一の罪であるという名誉を、わたしはきみに遺《のこ》していこう。

さようなら、わたしのフリーダ、これまできみに与えてきた数かずの苦しみを――すべての苦しみを――許しておくれ。
デ・ヴィンチェンティス修道院の神父が、最後までつき添ってくださった――わたしのことをきみに話してくださるだろう。
もう一度言う。勇気を出してくれ、わたしのフリーダ。神がきみにすべてを耐えさせてくださるだろう……この世で最後の口づけを。

きみの　ルイージ

異文化を理解する方法はあるか

このほかにも紹介したい遺書があるが、一応これだけにしよう。全編を通読して感じたことは、さまざまな立場・職業・年齢・階級等々を越えて、この「死」に直面した人びとが記したことには、ある種の「共通の情感」といったものがあり、それがわれわれと非常に違うであろうということである。

異文化を理解するとは、つまりこれを理解することであろうが、どうすれば理解できるのか。その方法はおそらく、まだ誰もつかんでいないであろう。ではどうすればよいのか。

もう一つ、最後のルイージ・マスケルパの手紙が示すように、それまでの「国家と戦争」の基本的な概念は第二次世界大戦で終わってしまったということであろう。

彼はイタリア国家の忠誠な軍人であった。イタリアが枢軸《すうじく》側に立ったときは、そのために戦った。だがイタリアがナチス・ドイツに宣戦を布告したときは、そのために戦った。「昨日の友は今日の敵」――彼は、ただ国家に忠誠なだけである。少なくとも第一次世界大戦までは、この「国家への忠誠」は、その敵もまたこれを尊崇《そんすう》するという共通の価値観があった。たとえ降伏しても、彼が「犯罪者」として処刑されるなどということは、それまでは考えられないことであった。

こういう考え方を否定したのはアメリカであったと私は思っていた。東京裁判の論理――「自分は日本国民であるから、当然のこととして国家への忠誠を守り、日本国の法律を守っただけである。それが何で罪か。という抗弁は認めない」――。これが実は、アメリカより前に、ナチスとファシストによって実質的におこなわれていたということである。

これが昔に戻ることはあり得ないであろう。もちろん昔がすべてよかったわけではない。変化するのは当然だが、しかし、よりよい方向に変化したのか、より悪い方向に変化したのか。これをパルチザンのファシストの〝戦犯法廷〟の記述と重ね合わせて見ていくと、この点では、世界はむしろ悪い方向へと変化しているのではないかと思われる。

ではどうすべきなのか。この方法もまだ見つかっていないであろう。

虚偽の体制に未来はあるか

サムイズダート　ソ連において、オフィシャルな検閲を通らなかった文学から、歴史書、反体制文書や出版物などのことをいう。

表玄関からでは得られない事実

下村満子《しもむらみつこ》氏（注：当時、朝日新聞記者）の「ソ連人の米国観」をめぐって「諸君！」と「朝日新聞」の間に論争――と言ってよいかどうか少々問題だが――があった。

私は、下村満子氏は非常に優秀な記者だと思っており、今もそう思っているので、ああいう人が行っても、ソ連における取材というのは一筋縄《ひとすじなわ》では行かない、むずかしいのであろうな、といった感じのほうがむしろ強かった。

おそらく、アメリカを取材するのとはまったく違った何か「ノウ・ハウ」が必要なのかもしれない。だがそれは何かを系統的に学んで会得《えとく》できるような単純なものではあるまい。

私は今まで、ソ連について何かを書いたことがほとんどない。皆無《かいむ》と言ってよいかもしれない。理由は簡単に言えば「わからない」からである。

私にも戦場の体験があるから、人間とは、背後から銃剣をつきつけて「笑え」と命ずれば笑うものだ、ということを知っている。したがってそれと等しい状態に置かれている人たちの写真や言動を信ずることはできない。

また「目が澄んでいた」とか「瞳を輝かして語った」とかいった〝文革報道的表現〟がたとえ事実でも、「大本営《だいほんえい》（注：日本軍の最高統帥《とうすい》機関）発表」を聞いたときのほとんどの国民もそうだったではないか、プリンス・オブ・ウェールズとレパルス（注：ともにイギリス海軍の戦艦）の撃沈を「目を輝かして」語っていたではないか、という思いもする。

しかし一方、当時のことを思い起こしてみれば、ナチス・ドイツも日本もともに情報を統制していたわけだが、それでも、どこかから、真相らしきものが洩《も》れてくる。そして今になってみると、その大部分は、当たらずといえども遠からず、これはあの「文化大革命」の報道のときも同じだった。いわば、それを明確につかむ「ノウ・ハウ」を持っていればよいのだろうが私にはそれがない。

この事実と以上のような経験があると、「サムイズダート」の短い記事の中から、公式文書や表玄関からの取材では得られない事実を何とか少しでもつかもう、これに修練すれば、あるいは、少しはつかめるようになるのではないかという気がする。

では「サムイズダート」の日本語版はどこかで手に入るのか。案外知られていないらしいのだが、これが、完全な定期刊行物とはいえないが、ほぼそれに近い会員制情報誌として入手できる（注：当時「ソ連インナー・レポートＩｎｃ」という情報誌が出ていた）。

ただ予《あらかじ》めおことわりしておけば、本誌は決していわゆる「反共出版物」ではなく、何らかの政治目的のためにその一部を無断で転載することは、はっきりと「厳禁」している。確かにそのように恣意的《しいてき》に用うべきものではないであろう。

したがって以下の紹介はもちろん許可を受けてのことだが、さてどこを紹介しようかと思うと少々迷う。そこでまったくランダムに、あけたページの目についたところを紹介する。まず「一〇〇名のソ連人に聞きました」という「直撃インタビュー」から――。

〔アフガニスタン〕

私の隣家の孫は一九八二年にアフガンの戦場から戻って以来、ウォトカ（注：ウオッカ）の助けなしには眠りにつけなくなってしまいました。彼は時折、眠っていて突然大声で悲鳴をあげますし、そうでなくとも夜中に寝床を離れて家の周囲をただ歩き廻っています。おばあちゃんが孫にわけを尋《たず》ねると、彼はこう答えたそうです。「奴らの血がしつこくボクを追いかけてくるんだ」。しかしながら彼は、一切をバラしてはいけないとの誓約書に署名してきたんだからと言って、それ以上詳しい話をすることは拒絶します。

一度だけ彼は、ドイツ兵が犯した残虐《ざんぎゃく》行為について私に尋ねたことがありました。その折私はドイツ軍の占領後、ここゴーメリの町でみつかった何千人もの死体について彼に話してやりました。彼は歯を見せてにやりと笑いながら悪意に満ちてこう言ったのです。「奴らは、すべてを焼き尽してしまうことができるってことを知らなかったのさ」

〔地下経済〕

私のボスだったグルジア人は、この一〇年で四倍にも上昇してきた金《きん》の値上がりの情報を、いつでも事前に知っていた。彼はつねに金価格の上昇が正式に発表される前に金を購入し、値上がり直後にただちに売却するのです。彼はそこから得た金《かね》を、また別の対象に再投資します。黒海《こっかい》沿岸に建っている家屋を何軒か買うなどというのがその一例です。

彼は次の価格上昇にそなえ、たくさんの金《きん》を買い占めるため巨額の金《かね》をつねに準備していました。私は彼の所有財産は五〇〇〇万ルーブリ（＝ルーブル　約一七億円）ぐらいだろうと思います。

彼は通常、自分の仕事をやりやすくさせるために、グルジア中央委員会のメンバー数人にワイロをあげていました。彼の手下のひとりはワインを生産するソフホーズ（注：ソ連の国営農場）の責任者をしていて、ふたりの共謀者と密造ぶどう酒（チャチャ）をシベリアに売っています。彼の友人は、地下生産ラインで編まれたニットウェアをロシア共和国へ密売しています。私自身は彼を手助けすることで六〇〇〇～七〇〇〇ルーブリ（二〇〇万円強）をかせいできました。

　ボスがなにより恐れているのはＫＧＢ（注：ソ連国家保安委員会＝情報機関、秘密警察）です。彼は、自分の活動や一〇〇万ルーブリ単位の荒かせぎが発覚することがないよう、一度たりとも外国へ出たことがありません。

〔観光ＫＧＢ〕

　市評議会のために働いているドライバーが、外国からの重要な客を乗せて観光ドライブをするようＫＧＢに徴用された。外国人は模範的なコルホーズ（注：ソ連の集団農場）や工場、保育園などを見て回らされる。そのあとで客は運転手自身の暮し振りを見せてくれるよう頼んでくる。

　運転手は血も凍《こお》る思いがする。なぜなら、いつも客に密着しているべきＫＧＢ官吏はこの日病気で欠勤している。運転手は、客を家へ連れていってよいものか、何の指示も受けていないのだ。そこで夕方になって彼はＫＧＢのオフィスに飛び込んで指示を求める。そして得た指令は、客を「自宅」の夜食に招待せよ、ただしＫＧＢの特別アパートへ、ということである。招待は二日後ということになった。

　彼と客が到着すると、運転手夫人と子供が既にこの特別アパートで待機している。三部屋もあるアパートの寝室では赤ん坊が子供用ベッドに寝かしつけられており、洋服ダンスには立派な服がかかっている。食事も準備されており、ワインまで添えられている。外国人は食事を終え、何ら疑念を持つことなく、「ソ連の平和的市民がいかに暮らしているのか」を実際にその目で確かめたことに満足して帰途につくのです。

以上のようにさまざまな人が、直接の体験や見聞を語っており、これを読むだけで相当に興味深いが、「サムイズダート」が最も重点を置いているのは、このような社会の実情よりも、「基本的人権」と「言論の自由」である。

言うまでもないが、この二つは密接に関連して分けることができない問題であり、ここに重点が置かれていることが、単なる暴露記事ではない価値を持つ理由であろう。

だがここでもう少し、トピック的なニュースを紹介しよう。

なぜ刑期終了後の流刑？

次に「地下情報クリッピング」欄から。

〔カチンの森の事件の証人が獄死〕

一九八四年五月二十五日、ムルマンスクの身障者ホームでボリス・メニシャーギン（一九〇二年生）が死去した。同氏は一九四五年五月に逮捕され、二十五年の刑を宣告され、そのうち七年間は旧国家保安省のルビャンカ監獄に、十八年間はウラジミール監獄に入れられていた（ほとんどが独房で）。
　メニシャーギンの罪名は「祖国への裏切り」とされたが、それは彼がドイツ軍占領時代に、スモレンスクとボブルイスク市（いずれも白ロシア）の市長をしていたからであった。彼はソ連軍がポーランド将校を大量に銃殺した「カチンの森」事件の後、ドイツ軍の発掘調査に立ち会った。ナチスを裁いたニュールンベルク裁判の記録によると、ソ連側は「銃殺を行なったのはドイツ軍である」と主張し、その証人としてメニシャーギンの名を挙げていたが、同氏は一貫してこれを否定しつづけていた。

〔A・コリャーギンのハンスト〕

　ソ連の精神医学乱用を内部告発し、十二年の実刑判決を受けた精神科医アナトーリー・コリャーギンは、一九八四年三月にチーストポリ監獄で、妻と面会することになっていた。しかし、面会は突然取り消されたため抗議したところ、懲罰《ちょうばつ》隔離房に入れられた。そこで彼はハンストを開始した。

〔流刑地のヴェリカーノワ〕

　タチヤーナ・ヴェリカーノワ（一九三二年生。モスクワ人権擁護発起人グループ組織者で、元「時事日誌」編集長）は、刑期を終えて流刑先のマングイシラク州タウチク村に移送されたが

（本誌前号既報）、さらに一九八四年九月初めにベイネウという小さな町に移された。

彼女にふりあてられたバラックは、風も雨もしのげないような廃屋《はいおく》で、当局側は彼女の要求を無視していっこうに修理しない。そのうえ当局の手で発送された荷物（衣類やシーツ、食器など）は途中で「紛失」（？）して、ついに届かなかった。このため不潔で何もないバラックに、近所からもらった机が二つ置いてあるだけ。水は近くの井戸まで汲《く》みに行かねばならず、トイレも表のバラックにゴザが下がっただけの所を使っている。収容所でひどく健康を害した第三級身体障害者のタチャーナにとっては、きわめて苛《か》酷《こく》な環境である。

「地下情報クリッピング」や前記の「インタビュー」を記すと、「サムイズダート」はこういう情報の提供が主題なのかと誤解されかねない。

本誌の主題はそうでなく、果敢な人権活動なのだが、なぜこれをまず取り上げたかといえば、われわれにとってごくあたりまえなことを主張しかつ実行に移すことが、ソ連では超人的な勇気を必要とし、苛酷な運命を覚悟しなければできないということ、それでいながらなぜそのような闘士が出てくるか、この社会的背景を一応理解しておくには、「地下情報クリッピング」と「インタビュー」に目を通しておくことが必要だと思ったからである。

そうでなく、うっかりわれわれの常識で判断すると、過酷な処罰に苦しむ人権活動家が、何やら重大な犯罪人のように見えてしまう。というのはわれわれの社会では、どのような犯罪をおかそうと、「刑期が終わったのになお流刑」でひどい虐待を受けているタチャーナ・ヴェリカーノワ女史のような事件はとうてい考えられないからである。

そして私にはまだこの「刑期終了後の流刑」というのが、一体全体、どういうことなのかよくつかめない。いわば「われわれの常識」という前提とはまったく違う何か、彼ら独特の〝常識〟らしきものを、わからぬながら、おぼろげに推察できるのがこの欄だからである。

不気味な薬物投与

人権問題の主要記事の中で、私にとって最も薄気味悪いのが「薬物投与」である。そして皮肉なことに（というにはあまりに深刻だが）、精神病院で実質的には〝毒殺〟されたと思われる人権活動家も、ソ連の英雄としてさまざまな特権を享受できると噂《うわさ》されるオリンピックの金銀銅のメダリストも共にその犠牲者だということである。

そのメダリスト死亡者一覧表を見、またメダリスト死亡率の驚くべき上昇をグラフで見、一九五二―七六年と七六―八二年の対比でソ連のメダリスト死亡者増加率四二〇パーセント、平均年齢四十一歳半、六十歳を越え得た者は六十一歳死亡のフリホーリー・ノヴァーク（ウクライナ出身・重量挙げ・銀メダル）だけなどというデータを見ると、一体なぜ、こんなことまでやる必要があるのか、私には彼らの心理はわからない。

しかもその薬物投与は選手の了解を得ていないでおこなわれている。文中の次の言葉は、ある種の不気味さを感じさせる。

「われわれは西側での試合に参加したソ連のスポーツ選手から、ソ連のスポーツ・システムにおける薬物の使用状況および死亡した選手の話などについて何度か聞かされてきた。選手たちは、スポーツに対するソ連当局の姿勢に問題があることを認め、自らが危険にさらされていることに気づいていながら、なす術がないという。彼らは『自分たちが何を飲まされているのか』知らされてないのである……」

〝英雄〟ですらこうならば、次の記事は不思議ではあるまい。

「……一九八四年四月に訃報《ふほう》を伝えられたアレクセイ・ワシーリヴィッチ・ニキーチン（一九三七年二月二十日生れ）は、ドンバス地方出身の電気技師で、ポーランド連帯労組の原型ともなった、ソ連の自立した労働運動の創設・指導者のひとりであった——（筆者挿入・私はこれではじめて『連帯』はソ連の方が早かったことを知った）。また、ソ連精神医学の政治目的乱用の犠牲者として、長年にわたり特別精神病院に拘禁《こうきん》され、世界中からその運命が気づかわれていた人物だ。

彼は、ドンバスで働く労働者の無権利状態、苛酷《かこく》な就業状況に異議を申し立てたことで、一九七二〜七六年の間、一般精神病院（ＯＰＨ）と特別精神病院（ＳＰＨ）に拘禁された。釈放後、ソ連労働者の権利擁護のアピールを伝えるため、モスクワのノルウェー大使館に連絡をとったことでＯＰＨとＳＰＨへ一九七七―八〇年まで収容された。釈放後、モスクワ駐在の外国人記者に会ったとして一九八〇年十二月十二日に逮捕され、翌年一月六日に裁判にかけられ、責任能力無しの判決が下され、ドニェプロペトローフスクＳＰＨに収容された。拘禁下で、向精神薬（幻覚剤）の強制的大量投与を続けられた。これは半年以上前に中止されていた療法で、彼の体調は最悪になり、ほとんど視力を失った……」

その後の彼は精神病院をたらい回しされるような形でガンになり「……ドネック第二ＯＰＨでは、鎮痛剤しか与えられなかったという。それから七カ月後に、アレクセイ・ニキーチンの死亡が報じられた。四十七歳であった」

こういう記事を次々に読むと少々憂うつになるが、なぜソ連はこのようなことをしなければならないのであろうか。

それを知るには「反ソ的」とか「民族主義者的」という「罪名」で逮捕尋問《じんもん》された人たちの記録、特に検事との問答を読めばよいであろう。

人権活動家vs.検事

『朝日』は日本のプラウダ（注：かつてのソ連共産党機関紙）だ」という記事があったが、私はロシア語ができないから、「朝日」と「プラウダ」を対比することはできない。しかしそう言われる面があるならば、「プラウダ」だけでなく「サムイズダート」も読んでおいたほうがよいであろう。

そして「サムイズダート」を読んでつくづく不思議に思うことは、なぜ「人権活動家」といわれる人々が投獄され、さまざまな手段で死に至らしめられるのか、という問題である。どう考えても彼らのおこなっていることが「罰せらるべき罪」とは私には思えないし、「人権活動」が強大なソ連の権力にとって危険なほどの政治力を持つとも思えないのである。前に記したようにソ連のメダリストは得体の知れぬ薬物投与で平均年齢四十一歳で死んでしまう。こんなことが日本で起こったら、全マスコミが騒然となり、真相究明に立ち上がるであろう。

そして「人権」という面からこれを徹底的に問題化したところで、誰も投獄などはされまい。責任を問われるのは、選手の了解も得ず、内容も知らせずに薬物投与をした人間または機関のはずである。それが逆転してそれを問題とした人が罰せられるとは、その社会そのものが、何か倒錯《とうさく》しているのであろう。

一体、問題はどこにあるのか。その一端を垣間《かいま》見せてくれたのは、三十七歳で囚人病院で死んだウクライナの人権活動家ワレーリー・マールチェンコと検事との対話であろう。次に引用させていただく。

〈若くして能力を買われたワレーリーは、ウクライナの主要新聞「ウクライナ文学」で三年間健筆をふるい、彼のルポルタージュ、論評、エッセーが頻繁《ひんぱん》に掲載された。彼はまた、アゼルバイジャン語を修めており（バクー大学を卒業している）、アゼルバイジャンのおとぎ話をウクライナ語に翻訳し、その本は一九七一年に公刊されている。

それから二年後に、彼は「反ソかつ民族主義的内容」を持つと当局にみなされた三つのエッセーが咎《とが》められて、六年の矯正《きょうせい》労働収容所プラス二年の国内流刑の判決をうけた。この事件以来、彼の作品がソ連邦で発表される機会はなくなってしまった。

一九八三年十月に再逮捕されたワレーリーは、五カ月後ウクライナ刑法62条（ロシア刑法70条に相当）「反ソ扇動《せんどう》・宣伝」の罪で訴追《そつい》を受け、十五年の実刑判決を下された。その訴追の大きな理由となった「国外での文書の発表」に関し、予審尋問中の検事とのやりとりが地下文書（サムイズダート）として入手されている。両者の信念の深さの違いがうかがえる箇所を紹介しておこう。

バーネフ検事「君は何の目的でこの敵意あふれる反ソ資料を準備したのか」
マールチェンコ「人々に真実を知らせるためです」
検事「それでは君は、君の書いたことはすべて真実だといい張るのか」
M「まったくそのとおりです」
検事「この資料は、どのようにして労働収容所の敷地内から外へ持ち出されたのか」
M「それをあなたに教えるつもりはまったくありません」
検事「どうしてだ」
M「その理由は、あなたが人々を投獄してきた人間だからです。あなたは真実など知らなくてよろしい。あなたがすべきことは、人々を監獄にぶちこむだけなのですから」
検事「考えてもみなさい、ワレーリー。もしもだな、もし我が国の誰もが心に浮んだことを文章に表現し始めたとしたら、おまけにもしそれらの文書を国外へ送り出すようなことになったら、いったいどんな事態が発生すると思うかね」
M「その時は、我が国は真に民主的な国家になるでしょう」
検事「この文書は、どういう目的で外国宛に送り出したのかね」
M「報道関係者に取りあげてもらうため、そして人々に読んでもらうためです」
検事「君はこの文書が外国で公開され、あの敵意あふれる諸外国のロシア語放送局から我が国の上空へ電波となって送り出されるという事実に満足しているのか」

M「もちろんです。もっとも、この文書が祖国において公刊されるのであれば、さらに喜ばしいことだと思います」

ワレーリー・マールチェンコは、新たに十五年の実刑判決を受けてから七カ月と経たぬうちに死んだ。彼の死を悼《いた》む手紙や葉書は死者の家族宛に寄せられるべきだろう。本誌準備第2号「一九八四年の囚人たち」には彼の項がない。編集時点において、彼は未決勾留《こうりゅうちゅう》中だったため、掲載を見送ったのである。母親ニーナも叔母アンナもウクライナのキーエフに住んでいる……〉

以上を読んで私が強く興味を感じたのは、検事の次の言葉である。「考えてもみなさい、ワレーリー。もしもだな、もし我が国の誰もが心に浮んだことを文章に表現し始めたとしたら、……いったいどんな事態が発生すると思うかね」

この言葉は、みんなが本心で思っていることを自由に言いだしたら、想像もつかないたいへんな事態になるということを、検事自身もまた認めているということである。

ソルジェニーツィン（注：『収容所群島』を書いた作家）は、ソ連を「虚偽《きょぎ》の体制」と呼んだ。上はゴルバチョフ（注：ソ連共産党書記長）より下は一市民まで、みな「本当のことは言わない」ことによって成り立っている体制だということである。

したがってみなが本心で思っていることをありのままに言ったら、その体制は崩壊してしまう。そしてこのソルジェニーツィンの言葉を、実は、検事自身も認めている。

ではこの取り調べで、検事自身がもし「本当のこと」を言い出したら、一体、どうなるのであろう。

ここに、ソ連が一見、非常に堅固な体制のように見えながら、実に脆弱《ぜいじゃく》な基礎の上に立っていることを露呈しているであろう。そしてそれなるがゆえに、マールチェンコのような本当のことを言う者は抹殺《まっさつ》されねばならぬという形にならざるを得ない。

日本でも露呈した虚偽の体制

おもしろいことに「サムイズダート」には日本人も登場し、そこにも「虚偽の体制」が露呈している。その部分を次に引用しよう。

〈佐々木良作・民社党委員長を団長とする「中道四党・同盟の核軍縮連絡協議会訪ソ団」は六日間の日程で、一九八四年十一月十四日（水）昼アエロフロート機で成田を出発した。

西側政治家によるクレムリン訪問は、八四年五月のサハロフ博士（注：ソ連水爆の父であり人権活動家）ハンスト突入以降、幾度か繰り返され、各国首脳による博士の容態の問合わせは、クレムリン指導部によって「内政に干渉するな」の一言でいなされてきた。

一行はモスクワ到着から一日置いてソ連側代表団と話し合いに入った。正式会談の一日目は、ザグラージン（注：ソ連最高会議議員団スポークスマン）が丸一日核の問題で長広舌をふるった。二日目、今度はポノマリョーフ（注：ソ連共産党中央委員会政治局員）が長々と反核の話をした。かなりうんざり気味であった日本側一行のなかで同盟の宇佐美忠信《うさみただのぶ》会長が、ポノマリョーフの話を受けて、ヒョイと話題を切り換えた。

宇佐美会長「そうそう、核といえば、ソ連水爆の父と言われるサハロフ博士はどうしておられます？」

（知日家であり、通訳なしでも日本語を解することができるコワレンコ——注：対日政策の立案で中心的政治家——が、ポノマリョーフの隣で、はらはらした様子で成行を見守っていた）

ポノマリョーフ「あの男は、ソ連の体制に反対している人物です。現在はモスクワから三百キロのところに『夫婦そろって』元気でいます。だいたいあの男は、ソ連の体制に反対をしている男です。夫人はアメリカ大使館と連絡をとって、サハロフが書いたという形で、色々な物を西側へ流しています。しかし、われわれはこのような人を罰しないで、今も科学アカデミーから除名していない。それどころか五百ルーブリずつ、毎月給料を出している（六月に訪ソしたミッテラン仏大統領に対しては、九百ルーブリと答えている。科学アカデミー会員としての給与が恣意的《しいてき》に減額され続けていることに注意！）。これをみても、われわれの態度がわかるでしょう」

宇佐美「もしも、おっしゃられるとおり元気で自由にしておられるならば、たとえば、日本の新聞記者がたずねて行って、お目にかかることはできますか？」

（今までと違って、まったく大きな声を出し、顔も首筋も真赤になって）

ポノマリョーフ「宇佐美さん、あなたも労働組合の指導者なら、おわかりでしょう。ここはクレムリンですよ。私が信じられないのですか？　このクレムリンの中で私が言ったことに嘘《うそ》はありません」〉

この返事は、前の検事の言葉と対比してみるとおもしろい。彼が言っていることを「検事的」に言いなおしてみれば「考えてもみなさい、宇佐美さん。もしもだな、我が国の真相をどこの国の新聞記者も文章に表現し始めたとしたら、いったいどんな事態が発生すると思うかね」であろう。

ポノマリョーフの「言ったことに嘘はありません」のなら、それに続く返事の言葉は「どうぞサハロフ氏に会ってお確かめください」のはずだが、彼にはこれは言えない。

これが「虚偽の体制」というものであり、それを守るに必要なものは恫喝《どうかつ》である。スターリン時代を生きてきたリーダー、またその薫陶《くんとう》を受けたリーダーの恫喝のすさまじさは、ニクソンも指摘しており、これは『派閥』（注：山本七平著・南想社・一九八五年刊。のちに『「派閥」の研究』と改題して文春文庫に収録）で記したから再説しない。

だがそのときもブレジネフ（注：フルシチョフ失脚後にソ連共産党第一書記に就任）の恫喝に屈せず、あくまでも喰い下がり「北方四島未解決」を言わせたのは田中角栄だけ、東大出の秀才などはまったく駄目で一言で縮みあがってしまう、という新聞記者の言葉を紹介したが、それを裏書きするような話が、これに続いて出てくるのがおもしろい。

「この時、サハロフ問題を持ち出すもうひとりの担当者であり、訪ソ前日にサハロフ博士の家族からのメッセージを受け取っていた田英夫《でんひでお》・社会民主連合代表は、この瞬間が家族からの手紙を披露する絶好のタイミングであると思っても、ポノマリョーフのあまりの興奮とどなり声に圧倒され、機会をはずしてしまった」

嘘を強弁しようとすれば、興奮して怒鳴りつけて相手を圧倒して沈黙を強《し》いる以外に方法がない。だが、それにびびってしまうようでは、対ソ交渉はもちろん、取材すら、はじめから不可能であろう。

私は以前から、日本では受けた教育に比例して度胸がなくなって行くらしいのが少々不思議だったが、これは田中・田両氏の違いにもあらわれている。

それはさておき、この文章は次のように締めくくられている。「中道四党と同盟訪ソ団に、これほどサハロフ問題でつっこまれるとは、ソ連側はまったく予想していなかったと思われる。博士の所在地の不明さや給与額を、このような形で引き出したことは、他国首脳の訪ソ時には獲得できなかった成果である」と。

確かにそうであり、その点では立派であったといえるが、しかし他の国なら電話の問い合わせでわかることを知り得ることが「他国首脳……には獲得できなかった成果」とされる点に、ソ連の異常さがある。こういう国では、いかに下村満子さんが優秀でもどうにもなるまいと私は思う。

見えてくるものは「謎」

だがそれとは別に、「サムイズダート」を読んで不思議とさえ思われることは、これほど過酷な弾圧を受けながら、さまざまな「草の根運動」が出てくること、またそのリーダーが「博士」とか「博士候補」とかいった人たちであることである。

サハロフはその頂点にいる人であろうが、こういう、「当局にさからわなければ出世を約束されている人々」が、投獄、精神病棟、流刑、病死という名の処刑を覚悟しつつ人権運動に挺身《ていしん》していることを思うとき、そこに何か、ロシア人の持つ一種、宗教的ともいえる不屈の精神に感動を禁ずることができない。

と同時に一方その同じロシア人が「虚偽の体制」を保持すべくあらゆる人権無視の行為をしているという事実、「サムイズダート」から見えてくるものは、この「謎のロシア」である。

一体ソ連はどうなるのか。権力は一見「不倒」に見えるが、それが「虚偽の体制」であることを支配する者も自覚せざるを得ないという「腐蝕《ふしょく》」は、どうなっていくのか。倒壊か否《いな》か。それも「謎」である。

北朝鮮、奈落の底の現実

『凍土の共和国――北朝鮮幻滅紀行』（亜紀書房　一九八四年）

金元祚（キム・ウォンヂョ）――仮名。一九四〇年、日本に生まれた在日二世。朝鮮高校を卒業後、在日本朝鮮青年同盟常任活動家になる。一九六九年ころ、金日成の神格化に疑問をいだき、企業家として再出発する。

悪夢から醒めて

「読み終わった」というより「悪夢から醒《さ》めた」といった感じで読了した本であった。おそらく著者にもそんな気持ちがあり、それが不知不識《しらずしらず》のうちに私を巻きこんでいたのかもしれない。といっても「地上の楽園」「理想の国」「王道楽土（注：徳により統治されている理想国家）」が、行ってみたら地獄だったという話に別に驚いたわけではない。

前にも書いたことがあるが（注：『静かなる細き声』に「木村米太郎先生」の章がある）、私には、たしか中学二年生のとき、木村米太郎という聖書学の先生から、「五族協和（注：和＝日・朝・満・蒙・漢＝支の五民族が協調）・王道楽土」の「満州国（注：一九三二―四五年の間、建国した日本が実質的に統治）」の実情を聞き、ショックを起こした体験がある。

先生は夏休みを利用され、たしかアメリカの神学校で同窓生であった中国人を訪問され、広く「満州国」を旅行された。

授業を一回休んで先生はその体験談を話されたが、われわれはただ、「ヘエー、そんなひどい状態なのか」と声も出ない状態になってしまった。そしてそれは、新聞その他が報ずる状態とはまったく別であった。

この点では『凍土《とうど》の共和国――北朝鮮幻滅紀行』も同じといえば同じである。ここで金元祚氏が書かれているようなことは、少なくとも私は、新聞記事でお目にかかったことはない。「聞いて極楽、見て地獄」は昔から言われて来たこと、これは昭和初期であれ現代であれ変わりはないことだ、と言われればまさにその通りだが、少数の日本人が威張《いば》り散らしているが隙《すき》だらけであった「満州国」のことと、同胞が同胞を監視し、あらゆる所に盗聴器があるなどという〝進んだ〟状態はまた別であろう。

これが科学技術の発達した一九八四年のこと、するとついつい考えてしまうのは、『一九八四年』はやはり一九八四年なのだ、といった感じである。

志水速雄《しみずはやお》氏（注：政治学者）が言われるように、ジョージ・オーウェル（注：イギリスの作家）の『一九八四年』（注：一九四九年刊）は、「管理社会」の出現を予告した未来記ではない。だがその一九八四年に『凍土の共和国』を読むと、「オーウェルに書評を書いてもらいたい」という気がする。

「異常」のほんの一端

そこで今回は、「書評」は読者の内なるオーウェルにゆずって、ほんの一節だけを引用させていただこう。

「私は（兄、姉、従兄《いとこ》に会うため）、日本を出発する前、朝高（注：朝鮮高校）の同窓生でもあるH氏から、帰国して平壌《ピョンヤン》に住んでいるかれの弟のH君に手紙一通、現金二十万円、セイコーの腕時計五個、ネッカチーフ百枚を届けるように頼まれていた。それで、すでに書類でH君と面会できるように申請し、かれのくるのを待っていたところだった。

だが、H君はなかなかやってこなかった。二日、三日、一週間過ぎても音沙汰なしだ。十日たってもこなかった。それで私は不安になり、総務のP氏を通じて『品物を渡すだけだから、H君を旅館に早く呼んでほしい』と、共和国指導員に催促した。

すると、間もなく総務のP氏は共和国指導員の意向をそのまま私に伝えた。『品物は無事に届くから、安心して指導員先生にあずければよい』。私は『そんなばかなこと！』といいたかったが、その場ではこらえた。そしてP氏に『たいした品物でもないし、H君は妻の遠《とお》縁《えん》にもあたるので一度会っておきたい。すでに申請して許可されているのだから、上部の方で会わすよう手配しているはずだ』と、指導員たちの意向を丁重《ていちょう》に断った。

私と総務のP氏との間に、こうしたやりとりがあってからも、一週間近くたっていた。その間、この問題がお上の方でどのように取り扱われているのか、私には何一つ知らされなかった。このままではH氏から託された品物を弟のH君に届けることができないのではないか、と私は気をもんでいた。私に『面会人がきている』と、O氏が告げたのはこのような時だった。

O氏はH君を部屋に入れると、私たちに遠慮して、部屋を出ていった。部屋の中でぼんやりと立っていたH君は、ネズミ色の人民服にレーニン帽をかぶっていた。かれが苦労しているということは、三十八歳だと聞いていたのに、一見四十六、七歳に見え、四つ年上で四十二歳のかれの兄よりも四、五歳ぐらい老けてみえたことでもわかった。

だが、H君は沙里院《サリウオン》と安州《アンジュ》で会った、私の姉を含む十数人の帰国同胞たちよりは恵まれた生活をしているように思われた。（中略）

二人だけになると、私はH君に、私がかれの兄と友人であること、私の妻がH家と遠縁にあたること、それでこんどは兄のH氏に頼まれて手紙、現金、時計などを持ってきたと、話した。

けれどもH君は、私を信じようとはせず、警戒していた。『あなたの奥さんと私の家が遠縁にあたるなんて聞いたことがない』と、私を探るような目つきでみつめた。私は、H君の心をほぐそうと努力した。『私と妻が結婚したのは、君が帰国した後だが、これは事実だ。兄さんとは朝高時代の同窓生の間柄でいまも親しく交際している。君も恐らく、私の後輩になるだろう。君は朝高の何期生だ』

それでもH君は、身構えた表情をくずそうとしなかった。やはり私を警戒し、あまりしゃべらなかった。ばかりか、『朝高の何期生だ』という私の質問には『そんなもん、もう忘れたわ』と、関西弁で強く反発した。思い出すのも嫌だ、それにふれないでくれ、といいたげな口ぶりだった。

H君がこういった時、私はかれに品物を渡すだけで帰すのは惜《お》しい。もしかすれば、私が知りたがっていることをかれから聞き出せるのではないか、と思った。それでH君に、私の立場を納得させようとした。しかし私の努力は、徒労《とろう》だった。どのようにいおうと、H君は貝のように固く、自分の殻に閉じ込もり、私を受け入れようとはしなかった。

私は観念した。諦めて旅行用スーツケースを開け、そのなかに入れてあった手紙一通と現金二十万円、腕時計、ネッカチーフを取り出した。それを自分の年より、八、九歳も老けてみえるH君に渡し、よく調べてみるようにいった。H君は先に現金を数え、時計の個数、ネッカチーフの枚数を確認した。それから封を手でむしるように破り、封筒の中から手紙を取り出した。

H君の表情が変わったのは、手紙を読んでいる間だった。手紙を読み終えて私の方を向いた時は、ついさっきまでの固く身構えた、警戒するような表情は消えていた。疑い深そうな、探るような目つきもなくなり、『信じられなかったので』と、私にわびた。『でも私だけではない。みなそうしなければやっていけない』と、つけ加えた。

そして、そういうや否や、H君は私たちがそれまでいたベッドルームから、さっと隣の二坪ぐらいの部屋に移り、そこからあっ気にとられている私を手招きした。私が行くと、耳元に口をあて『あの部屋は盗聴器があるから注意しなければなりません。こっちで話し合いましょう』といった。H君のすばやい動き、身のこなし方をみながら、私は日常的に身構え、異常なまでに他人を警戒しながら生きていかなければならないように運命づけられている帰国同胞たちの過酷な身の上にあらためて同情を禁じえなかった。はじめてみた私に、疑い深そうな、探るような目を向けたからといって、私がどうしてH君に非難がましいことがいえるだろうか！

『他人をみたらドロボーと思え。絶対に信用してはならない』。これは、帰国同胞を含む共和国人民大衆の間に確立されて久しい不文律だった。H君は、このしきたりにはずれれば、共和国では生きていけないという事実を、私に教えようとした。『あの部屋では大事なことをいってはなりません』

私もこの国にやってきて以来、いたるところに監視の目が光っていることを肌で感じていた。部屋のどこかに盗聴器がすえつけられ、私たちの会話が情報・監視担当の部屋につながるように設定されているだろうことも、知っていた。だから団員同士の大事な話は小声でするか、部屋を出てからした。

ところがH君は、私と話すため部屋を出ようとはいわなかった。それどころか『ここの方が安全』といった。そして『部屋に盗聴器があっても一つだけだ。だから、こっちの部屋にはないはずです。二つも取りつける予算は、いまのところわが国にはないので……』といっては、声を出さずにニタッと薄気味悪く笑った。

H君の話に私は、思わずアッハと笑いかけた。が、口の中で笑いをかみ殺した。この話は真実だ！　まぎれもない真実だ！　私はさもありなん、と思うと同時に、部屋のなかをころげまわりたいような、黒い衝動にかられた……。

私とH君は、急速に親しくなった。H君は、私をいったん信用すると、共和国の実情を話しはじめた。その話しぶりは、文字通りせきを切ったような調子で、上流から下流へとどまることを知らずに勢いよく流れる奔流《ほんりゅう》のようだった。

かれが帰国したのは六三年だ。朝高を卒業したが、家庭の事情で行きたい大学にも行けず、悶々《もんもん》としているうちに、共和国に帰り、大学に入ろうと決心した。『学問を修めて社会主義祖国の発展に尽くす』というのが、Ｈ君の夢だった。

だが、いったんそう決意しても、心の中に『こだわり』が残った。朝高では優等生の部類に入っていたが、社会主義祖国のように発展しているところに行って、自分のような者がついていけるかどうかという不安感があった。それで、かれは日本人の『朝鮮訪問記』や『朝鮮訪問談』を熱心に読んだり、聞いたりした。日本人なら第三者的立場で、客観的に共和国のことを書いたり、いったりするだろうから信用できる、そう思い、寺尾五郎氏（注：歴史学者）の『三八度線の北』、何人かの訪朝日本人記者が書いた『北朝鮮の記録』など何冊かの本を読みあさった。『北朝鮮の記録』の筆者のひとりに『嶋元謙郎《しまもとけんろう》』という読売新聞の記者もいたはずだ、とＨ君はいった。

Ｈ君によると、寺尾、嶋元氏らは、その本を通じて共和国は『発展している』ばかりか、夢と希望に満ちた『未来の国』だ、と強調した。それらの本は、在日朝鮮人が読めば、誰でも共和国に帰りたくなるように叙述されていた。共和国は、日本のような差別や不平等のかけらもない、平等が完全に実現された社会であり、就職の心配はいうまでもなく、学校には学力があり、入りたいと希望しさえすれば、誰でも行けると書かれていた。

寺尾、嶋元氏らは、日本の各地で催《もよお》された『訪朝講演会』であなた方の祖国は、一人でも多くの『社会主義建設の担《にな》い手』を要求しているといって、私たちの帰国熱をあおった。このような講演会の一つで、寺尾五郎氏は『私はあなた方の祖国、朝鮮民主主義人民共和国がうらやましい』と語り、『現在の日本人は夢と希望を託して懸命に働ける場がない』といって、私たちを大いに喜ばせた。私たちは『テラオ』と『シマモト』らが書いたり、しゃべったりしたことに血わき、肉おどらせ、拍手喝采《かっさい》した。

H君はこうして祖国に自分の将来を託すことにした。『一緒に帰るまで待て』という家族の反対を押し切り、帰国し、清津《チョンジン》招待所で祖国での〝初夜〟を迎えた。H君は、ここまでしゃべり、急におし黙った。そして、さっきみせたような薄気味の悪い笑みをもう一度その顔に浮かべては、自嘲《じちょう》するように『先輩、私たちのように滑《こっ》けいな、星のめぐり合わせの悪い人生を歩んだ者がほかにいるでしょうか』といった。

私が、返答に窮《きゅう》していると、突然H君は『清津招待所は地獄だった。南京虫に悩まされたし、あそこでは眠れなかった』といって、語りつづけた。

『私たちの第○○次船の帰国者が、地上の楽園から奈落《ならく》の底につき落とされた自分たちを発見するまで、わずか二日間しかかからなかった。帰国船が新潟港を出港して清津港についた時、自分たちの着いた土地が私たちの夢みた祖国でないことを知った。歓迎にあらわれた人々の元気のない顔、スフ（注：化繊）の服の粗末な身なりだけで想像がついた。

何日間か泊まった清津招待所では、みな絶望した。帰国同胞に関するあらゆる情報がはん濫していた。

——共和国ではまともに食ったり、着たり、住んだりするゆとりはない。白米の御飯に、牛肉スープが食べられる、いいアパートが与えられるというのはウソだ。自由に職場を選べ、学校に入れるというのも見せかけの宣伝、ウソ八百だ。この招待所を出ていった帰国者はみな、まともな家に住めず、食うや食わずの生活を強《し》いられている。大学に入ったものはわずかで、ほとんどが重労働の現場に配置され苦労している。帰国同胞は、キポ（帰胞）と蔑視《べっし》され、人民大衆からも白眼視されている。そのために招待所に着いてから発狂したり、自殺する者が少なくない。第〇〇次帰国船の〇〇も発狂し、第〇〇次帰国船の〇〇は自殺した。共和国政府に抗議して、銃殺に処せられたり、教化所に入れられている帰国同胞たちも多い——

こんな衝撃的な話が次から次と伝えられ、挫折感《ざせつかん》に打ちひしがれていた私の胸をさらに締めつけた。夢と希望はまたたく間に崩《くず》れさったが、後の祭りだった』

H君は、あい変わらず暗い表情のまま、たった二日間で『地上の楽園』から、奈落の底へ突き落とされていく悲しみに満ちた体験談を淡々と話しつづけた。そして、自分の体験に照らしつつ六〇年代初、かれが『祖国』に着く前におこなわれた衝撃的な帰国同胞公開銃殺事件について言及した……」

現実の片鱗もつかめなかった日本人

引用をはじめると、次から次へと「異常」なことが出て来て、一体、どこで打ち切ってよいかわからなくなるのがこの本の特徴であろう。そのため、今回は、以上の引用で予定の紙数が超過してしまった。

皮肉と言おうか、それが現実なのだと言おうか、一九八四年に『一九八四年』の現実の記録を読むことになろうとは！

言える感想はそれだけであるが、再読、三読した上で、「朝鮮民主主義人民共和国」なるものの構造を分析してみたい気もするし、当時の新聞記事や「北朝鮮天国論」的な著作とも照合して、「そういった見方しかできず、現実の片鱗《へんりん》もつかみ得なかった」日本人の「ものの見方」の特徴も探ってみたい気もする。

というのは、他の国についても同じような事例があり、われわれは今もなお、それを事実の報道だと思いこんでいるのかもしれないからである。

「国際間の平和」問題

『平和の挑戦――戦争と平和に関する教書』（片平博他訳　中央出版社　一九八三年）
アメリカ・カトリック司教協議会
相馬信夫（そうま・のぶお）＝監修　一九一六―一九九七年。「行動する司教」として、人権問題などに取り組む。

「空しさ」の正体

「平和論」およびそれと共に論じられる「核廃絶論」「軍縮論」――戦後、これくらい一貫して論じられ、またさまざまな社会運動へと発展した主題は珍しいであろう。

あの全国的な規模になり、さまざまな議論を巻き起こした署名運動も、まだ記憶に新しい。といっても多くの人はすでに「そういえば何やら大署名運動の成果を国連に持ちこんだことがあったっけ、ありゃ、一体どうなったんだろう」といった感じを抱いているかもしれない。

そしてそのように思い出すことは、ある種の「空《むな》しさ」を感じさせるであろう。

それらのことを思い起こすと、戦後日本の平和論・平和運動には、スローガンを叫びつづけているだけで現実は少しも変化しない、といったようなある種のもどかしさが伴っている。なぜであろうか。「平和」の概念は広く、「戦争がない状態がすなわち平和だなどとはいえない」という主張も一理あるが、問題をあまり拡散せずに「現在の国際間の平和」に限ってみれば、「平和問題」は国際問題であり、国内に限定された運動だけでは如何《いかん》ともしがたい面があることも、その理由の一半かもしれない。

と同時に、いまの日本にとって最も重要なのはやはり「国際間の平和」であり、これが消えれば、現にわれわれが享受《きょうじゅ》しているさまざまの成果もまた消えてしまうこと、これは否応《いやおう》なく誰でも感じざるを得ない。

それでいて、さまざまな運動は、どうも「決め手」らしいものを持っていないこと、これも空しさを感じさせる理由の一つかもしれぬ。

だがこうなるのはやはりそこに、日本的・鎖国的盲点《さこくてきもうてん》といったものがあると思う。というのはわれわれは「アメリカの平和論」も「ソビエトの平和論」も、また他の国々の平和論もほとんど知らない。平和を「国際間の平和」に限定するなら、「他国の平和論」をほとんど知らないというのは問題であろう。

われわれが他国の平和論を検討し、日本の平和論との間のさまざまな誤差、いわば現状認識の基本的違い、方法論の違い、達成目標の違い等々を知ってはじめて、「平和」という問題における「国際的共通項」とも言うべきものに到達し得る。

そして、それを踏まえない限り国際的に合意された「共通概念」に到達することさえ、むずかしいであろう。というのはオーウェルの『一九八四年』の「新言語《ニュー・スピーク》（注：『一九八四年』に描かれた架空の言語。超管理社会での、英語を簡素化した新語法）」の「平和」もあり得るかららである。そしてこれらを無視した鎖国的な国内運動が、常に、ある種の「空しさ」を持つのは、むしろ当然かもしれない。

アメリカのリスク、ヨーロッパのリスク

こんなことを考えているとき偶然に読む機会があったのが『平和の挑戦——戦争と平和に関する教書』である。

帯によると本書は一九八三年度アインシュタイン平和賞受賞とある。まことに不注意に何気なく「まえがき」の「アメリカのカトリック司教団……の『戦争と平和特別委員会』（委員長ジョセフ・バーナーディン大司教・当時）は、核時代の戦争と平和をめぐる道徳的諸原則を第一次・二次草案に示し……」に続く文章をたどり、これが最終案で二三八対九の圧倒的多数で採択され、さらに西ドイツ、フランスらの各司教団やバチカン教皇庁を訪れ、同教書草案の協議・研究を重ねているという文章を読んで、何となくこれがカトリック教会の統一

的な戦争と平和に関する見解と誤解してしまった。

そして「カトリック新聞」その他で、そうでもないことを知ったわけである。

もちろんその冒頭に掲げられている原則はカトリック教会共通の原則であろう。そしてこの共通の原則に基づいても、ヨーロッパ各国の司教団とアメリカの司教団とは微妙な見解の差が出てくる。

この差について「カトリック新聞」は次のように報じている、「バチカンの教理聖省長官、ヨゼフ・ラッツィンガー枢機卿《すうききょう》は、去る五月、米国と西独の司牧教書が出た直後に発表されたインタビュー記事で、教会の道徳教説を適用する際の、そうしたアプローチの違いは、各国の司教団が直面している歴史的、地政学的状況の違いから、当然に予想されるものだと説明している」と（注：一九八三年十一月二十七日付）。

「カトリック新聞」にある「フランス司教団の声明」（九三対二で可決）の要約は、アメリカ司教団の『平和の挑戦』と相当にニュアンスが違い「核抑止力はなおもって正当である……戦争の全面的否認は、平和愛好の諸国民を、支配のイデオロギーによって動く陣営のえじきとすることになりはしないか」と反問している。これは『平和の挑戦』の205・206を意識しているのかもしれない。次に引用しよう。

「205　軍備管理と軍縮とは、特に、二超大国間の検証可能な諸協定の過程でなければならない。我々は一方的軍縮という政策を主張するものではないが、軍備競争を制限《コントロール》する緊急の必要のために、米ソ両国それぞれが、ある最初の処置を取る意志を要求されていると我々は信じている。

米国は、最も重大な危険を少なくするために、また、建設的なソ連の応答をはげますために、すでに多くの重要で、独自のイニシアチブを取ってきた。さらに、他のイニシアチブが奨励《しょうれい》されているのである。ここで我々が独自のイニシアチブを取るというのは、ある一定の期間内に、ソ連からの同じような処置を誘い出そうとして、米国が取ることのできる、注意深く選び出された制限処置なのである。適当な応答が来ないとすれば、米国は、もはや取られた処置に拘束《こうそく》されないであろう。

従来から、米国は、自由と人間的価値に賛成して、計算ずみのリスクを払ってきた。これには、核戦争のある最も重大な危険を少なくするために取った独自の処置が入っている。核抑止の束縛と核戦争のリスクから、世界を解放するのに貢献するためには、今日、一定のリスクが必要なのである。例えば、両国は共に、不安定化させる兵器システムの配備をさけることにはある利害関係をもっているのである。

206　公式の公的協定などなくても、軍備競争に有益な影響を与えた、首尾よい独自のイニシアチブに関して、若干《じゃっかん》の歴史がある。一九六三年、ケネディ大統領は、米国が、その後の核実験を一方的に放棄するであろうと発表した。その翌月に、ソ連首相ニキタ・フルシチョフが、ついに、米ソの部分的核実験禁止条約の基礎となった制限された実験禁止を提案したのであった。その結果、両超大国は、中央ヨーロッパから約一万の軍隊を除去し、兵器用核物質の生産削減をそれぞれが発表した」

提案は具体的であり、同時にこの提案に「リスク」があることは率直に認めている。だが問題はそのリスクを現実に負うのがアメリカなのか、ヨーロッパなのかという問題であろう。アメリカ司教団はそのリスクをアメリカが負うとしているが、アメリカ司教団がそのつもりでも、結果においてはヨーロッパが負うことになるかもしれない。

ここに「直面している歴史的、地政学的状況の違い」という問題が出て来る。何しろあのナチスの時代、カトリック特にイエズス会司祭は、ユダヤ人につぐ犠牲者を出している。そして今では、ソ連の戦車が目の前に展開している。

アメリカ司教団は「一方的軍縮という政策を主張するものではない」としているが、ソ連から軍縮を誘い出そうとする一方的制限処置は、そのリスクを全面的に負う結果になるかもしれぬ地政学的位置にある者には、相当に問題であろう。

フランス司教団の「一方的軍縮は、ごく簡単にえじきを分捕《ぶんど》れるという誘惑に油を注《そそ》ぐことによって、隣国の侵略性を挑発することさえありうる」は、これを念頭に置いているのかもしれない。

戦争について、抑止について、軍備競争と軍縮、人間の良心について

以上のように平和論の展開は決して安易な問題ではないし、「平和！　平和！」と叫べばよいといった小室直樹氏の言う「念仏《ねんぶつ》主義？　念力《ねんりき》主義？」ですべてが解決するわけでもない。しかし、このアメリカ司教団とフランス司教団の間に見られる違いは、ともに、カトリックの統一的見解から出て、歴史的・地政学的な理由から生ずる「力点の置き方」の違いから生じているわけで、討議を重ねれば克服できる違いであろう。

こうなると、われわれが知りたいのはまず「戦争と平和に関するカトリックの基本的な考え方」である。

『平和の挑戦』の冒頭に「I　カトリックの教えの若干の諸原則・規範《きはん》および前提」という章があるので、少々長いが次に引用しよう。

〈I　カトリックの教えの若干の諸原則・規範および前提

(A)　戦争について

(1)カトリックの教えは、どの場合でも戦争に反対し、紛争の平和的解決に賛成する前提で始まる。正戦の伝統の道徳的な諸原則により規定された例外的な場合には、ある力の使用が

許される。

(2)どの国も、不正な侵略に反対して、自衛する権利と義務をもつ。

(3)いかなる種類の攻撃的戦争も、道徳的に正当化されえない。

(4)「都市全体、または広い地域を住民と共に無差別に破壊することに」(『現代世界憲章』八〇項)核兵器または通常兵器を向けることは決して許すことができない。無辜《むこ》(注:罪のない)の市民または非戦闘員の意図的な殺害は常に悪である。

(5)不正の攻撃に対する防ぎょ的対応でさえ、正当防衛の限界をはるかに越えてつり合いの原則を犯す破壊をひき起こすことがある。この判断がとりわけ重要なのは、核兵器の計画された使用を評価するときである。核兵器であれ通常兵器であれ、つり合いの原則を越えるいかなる防衛戦略も、道徳的に許すことはできない。

(B)抑止について

(1)「現在の諸条件の下で、均衡《きんこう》に基づく抑止は、確かにそれ自体を目的としてではなく漸《ぜん》進的《しんてき》軍縮への途上の処置としては、なお道徳的に受け入れることができると判断できよう。それにもかかわらず、平和を確実にするためには、この最低限で——常に爆発の現実の危険を受けやすいこの最低限で満足しないことこそ必要なことである」(ヨハネ・パウロ二世教皇「第二回国連軍縮特別総会へのメッセージ」一九八二年六月八日)

(2)軍・民区別の原則または、つり合いの原則を犯すことになるどの核兵器の使用も抑止戦略において意図されることがあってはならない。カトリックの教えの道徳的要求は、我々自身の生命、または我々の愛する者の生命のためであっても、道徳的悪をしないこと、それを行わない断固たる意志のあることを求めている。

(3)抑止は、平和のための長期的な基礎としては適切な戦略ではない。それはただ、軍備管理と軍縮を遂行《すいこう》する断固たる決意と結びついてのみ正当化できる過渡的戦略にすぎない。「軍備の均衡が平和を招来するという定理を、人々の間の真の平和は相互の信頼の中にしか確立することができないという原則に替えることによってのみ可能となりうる」（ヨハネ二十三世『地上の平和』一一三項）と我々は確信する。

(C) 軍備競争と軍縮

(1)軍備競争は、全人類最大の傷の一つである。それは危険として、貧しい人々に対する侵略行為として、また、これが約束する安全など与えないばかげたものとして断罪されねばならない（『現代世界憲章』八一項、「国連への教皇の声明」一九七六年、参照）。

(2)あらゆる可能な合理的形態で、交渉を遂行せねばならない。「軍備競争をやめねばならず、種々の国にすでに存する軍備を平行的に同時に縮小し、原子兵器を禁止し、そして最後に、共同の協定のもとに有効な監視を伴った軍備全廃に到達しなければならないという要求」によって、交渉は律せられねばならないのである（ヨハネ二十三世　前掲書　一一二項）。

（D）人間の良心について

(1)軍務「祖国に対する奉仕を志して軍籍にある者は、自らを国民の安全と自由のための奉仕者と考えるべきである。彼らは、この任務に正しく従事している間は、真に平和の維持のために寄与している」（『現代世界憲章』七九項）。

(2)良心による戦争拒否「なお、良心上の理由から武器の使用を拒否する人については、別の方法で共同体に奉仕することを受諾《じゅだく》するのであれば、法律によって人間味のある処置を規定することは正しいと思われる」（『同書』七九項）。

(3)非暴力「権利を擁護《ようご》するにあたり、暴力を放棄して、弱い者にも使うことのできる防衛手段に頼る人を……我々は同じ精神に基づいて、賞賛しないわけにはいかない」（『同書』七八項）。

(4)市民と良心「わたしは、あらためて、わたしの子たちに、公的生活に積極的に参加するようにすすめる。そして、彼らに全人類とそれぞれの政治共同体との共通善の促進に貢献することを求める……。そのためには、人間が、その行為を、学問的・技術的・職業的努力と最高の精神的価値との総合をなすことが必要である」（ヨハネ二十三世　前掲書　一四六・一五〇項）。〉

「平和論」は日本人の専売特許ではない

言うまでもなくアメリカ司教団はこれを原則としている。そしてこの原則通りおこなうなら、現実問題として核による防衛は不可能である。

そこでまず「できるだけ早く、道徳的に受け入れることのできる核兵器によらない防衛戦略をつくり出す重大な義務があり」「『第一使用禁止』の政策の採択《さいたく》に向かって、急速に進むようＮＡＴＯ（注：北大西洋条約機構）に強く求めるが……適切な代替すべき防衛姿勢の発展を必要とする」こと、なお相当に時間がかかることは認めている。

また「抑止の問題」では、その「厳密に条件のついた道徳的容認」の条件として、前述のような提案があるのであろう。そしてこれらの問題は「Ⅱ道徳的諸原則と政策の選択」に記されている。

さらにカトリックの「正戦」という概念も出て来ているが、紙数もつきたのでこれの定義は『平和の挑戦』を参照されたい。

「平和論」は決して日本人の専売特許でもなければ、マスコミや一部人士にのみそれを論ずる資格があるわけではない。

世界のさまざまな人、機関、国等々が、さまざまな面から、平和へのアプローチをおこなっている。われわれは独《ひと》りよがりにならぬため、世界でどのような平和論が「現実問題として」論じられているかを知り、それらに共通する原則を確認しておく必要があるであろう。

この『平和の挑戦』は実に多くの示唆《しさ》に富むが、フランスをはじめとする他の司教団教書も、参考としてその末尾につけ加えてほしかったと思う。

第五章

異端を読む

「多大の驚異と無限の快感に打たれた」

『徳川時代の文学と私法』（半狂堂　一九二三年）
中田薫（なかた・かおる）一八七七―一九六七年。東京帝国大学法科大学教授。専門は日本法制史。

宮武外骨評「絶世の好著述」

残念ながらこの本は絶版らしい（注：一九八四年に岩波文庫で『徳川時代の文学に見えたる私法』と題して復刻）。どこかで復刻したという噂《うわさ》を聞いたので探してもらったが見つからなかったところを見ると、これも噂に過ぎなかったらしい。

私のところにあるのは国会図書館の大正十二年（一九二三年）版の「複写」である（注：そこで引用文は、中田薫の増訂にもとづく現在の岩波文庫版とは、多少異なる字句がある）。本書全体の内容は私が記《しる》すより、著者の「はしがき」を引用したほうがよいであろう。

「本書の前身は去《さる》大正三年五月我《わが》恩師法学博士宮崎道三郎《みやざきみちさぶろう》教授『在職廿五《にじゅうご》年記念論文集』の中に載せた『徳川時代ノ文学ニ見エタル私法』と題する小論文である。その材料は之《これ》を所謂《いわゆる》軟文学に採つたのではあるが、その論ずる所は極《きわ》めて堅苦しき法律論であつて、もとより通俗的の読物では無《な》いにもかゝはらず、其後《そのご》屢々《しばしば》知友より之《これ》を単行本として再版することを慫《しょう》慂《よう》（注：勧める）されたのである。しかし自分は他日間《ま》を得ば更に大に之が増補をなさんことを期して居《い》たので、今日迄《まで》長らく諸友の好意に背《そむい》て居た次第である。

しかるに去《さる》七月初《はじめ》、外骨《がいこつ》君（注：宮武《みやたけ》外骨――文化史家かつ、出版社・半狂堂の〝社長〟）より彼《か》の論文に関係の古版画を挿入して出版しては如何《いかん》、これが捜索の労は自身自《みずか》ら之に当るを辞せないと云ふ好意的勧誘に接したのである、自分としては、材料蒐《しゅう》集《しゅう》の未《いま》だ全《まった》からぬ今日、これを出版することは内心不本意ではあるけれども、関係古版画捜索のことに至ては当世外骨君を措《おい》ては他にその人を求むること蓋《けだし》難事であらふから、若《もし》此機会を逸しては悔《くい》を後日に貽《のこ》すこと更に大なるものあらんかと思ひ、断然意を決して匆々《そうそう》筆を馳《は》せ旧稿に若干の補修を加へて、出版に関する一切のことは之を外骨君に委任した次第である……」と。

またこの「廃姓外骨（注：宮武外骨の別名）」氏の「跋《ばつ》」（注：あとがき）に次のようにある。

「……或日《あるひ》吉野先生（注：吉野作造。民本主義を主唱した政治学者）が予《よ》に『中田博士は帝大の法学部長に推された際にも、そんなウルサイ学長なんかの役は御免だ。オレは此《この》研究室の図書に埋つて居る方がよいのだといつて応じなかつた程の超俗家である。それで古法制の事ばかりでなく、古文学も好きでキミの著書などをも読んで居る人である。一度逢《あっ》て見たまへ』といふ事であつたが、其時《そのとき》貸与された『宮崎教授在職廿五年記念論文集』といふ大冊の非売本中に『徳川時代の文学に見えたる私法』といふ一部があるのを通読して、予は多大の驚異と無限の快感に打たれたのである。

それは中田先生が斯《か》くまで徳川時代の文学に精通されて居やうとは知らず、又斯かる会心的の好著がある事を知らなかつたからである。世間に浮世草子《うきよぞうし》（注：江戸時代の現世的、享楽《きょうらく》的《てき》内容の小説）などを読む人は多くあつても、只《ただ》其文藻《ぶんそう》（注：文章のいろどり）を愛するばかりで、これを自己の研究事業に利用する人の少い当世、中田先生の如く博覧考証で、徳川時代の重要な私法（注：民法や商法など）を説明し尽した事は、真に畏敬《いけい》すべき絶世の好著述であると感じたのであつた……」と。

私にとって最良の「徳川時代研究の手引」

私自身も本書をはじめて手にしたとき「多大の驚異と無限の快感に打たれた」。いわば「目から鱗《うろこ》が落ちた」思いがしたのであり、同時に日本の歴史教育というものが、戦前戦後を通じて、いかにいい加減なものであるかも強く感じた。

「教科書批判」は単に「侵略・進出」といった問題ではない。戦後の「歴史教育」は「庶民の歴史」を教えることだなどと言いながら、徳川時代の人間が、現実に、どのような私法の下で生きていたかなどということは、いまの教科書を見ても皆目《かいもく》わからない。

　本書を読むと「なるほど、これでわかった」と思いあたる面が実に多い。本書の材料には「世話浄瑠璃《じょうるり》」や「浮世草子」また「気質《かたぎ》もの」「黄表紙《きびょうし》」（注：江戸時代の風刺のきいた大人の絵物語）なども入っている。

　確かに読んでいくと、私の持っている資料からでも「これならこういう例もある、ああいう例もある」と思われる点はあり、それを中田博士は自ら不満足とされているのであろうが、一例があげてあれば、他は自ら探せばよいことで、「法的観点からこれらの民衆文学を読んだ」ということ、それを逐条的《ちくじょうてき》に抽出したということは、まさに専門の法学者でないと出来ないことである。

　この本は私にとっても、最もよき「徳川時代研究の手引」となった。多くの人は徳川時代に対して「教科書的誤解」をしている。何か書くと「そんなはずはない」という反論が来る。それに対する反論の手引は、この本だと言って過言ではない。

　中田博士の着眼は非常におもしろい。まず「通俗小説」はフィクションだが、フィクションはそれが事実のように思われてはじめて読まれる。そのためその個々の描写について、民衆が「そんなことはあり得ない、たてまえはどうか知らないが、現実はこうなのだ、この本の書いていることは事実と違う」と思われては、「通俗文学」は成り立たない。

そして徳川時代の軟文学なるものはその時代の人にとっては、現代の「風俗小説」なのだから、個々の描写では世間にあるがままのことを、そのまま記さねばならない。そうでなければ、庶民には通用しないからである。そこから私法を抽出してくるとは実におもしろい着想である。

日本は「たてまえ」と「ほんね」のある社会だが、「たてまえ」を書いても読者は納得しないのである。そこで、ここにあらわれているのは、徳川時代の「ほんね」の私法であり、それが専門の法学者の手で抽出されていることは、徳川時代を知る鍵《かぎ》となり得る。

なぜ奇妙な誤解をしていたのか

ではその内容はどのようなものか。まず目次を紹介しよう。

「目次（一）動産質、（二）動産抵当、（三）人質、（四）家質、（五）手打、（六）手附、（七）売買、（八）家借、（九）地借、（十）株借、（十一）借金、（十二）入札、（十三）為替手形、振手形、預り手形、（十四）分散、（十五）元服、（十六）婚姻、（十七）離婚、（十八）夫婦財産制、（十九）養子、（二十）親権、（廿一）相続、（廿二）遺言、（廿三）隠居、（廿四）後見」

以上の通りであるが、これを読むと、「徳川時代とは実に近代的な社会だったのだな」と思わざるを得ず、一体なぜ今まで奇妙な誤解をしていたのであろうかと首をかしげる結果になる。

だがこれは私だけの誤解でなく、いわば全国民的な誤解であり、本書を通読すると、その誤解が次の六点から生じたことがわかる。箇条書き的に記してみよう。

（1）まず徳川時代には、全国民を一律に律する法律、いわば今の「国法」に等しいものがなかったことである。中田博士はこれを封建法と普通法に分けておられるが、封建法は武士だけを拘束《こうそく》するもので、農工商の庶民はまったく関係ない。いわば全国民の一割に満たない者を律していた法律なのだが、これがあたかも「国法」であったかの如《ごと》くに誤解されていること。

（2）戦後を基準とすれば明治には奇妙な逆行がある。これは封建法を国法と誤解し、それと仏独の民法の翻訳とを混合させたための「逆行」なのだが、通常、人はそう思わない。明治は「文明開化」という迷信があるから「明治がこうだったから、徳川時代はもっと……」と思うからである。この奇妙な逆行を中田博士は再三再四指摘されている。

（3）さらに「たてまえ」と「ほんね」という問題がある。明治が「西欧化」なら徳川時代は「儒教化《じゅきょうか》」が「たてまえ」であり、儒教的表現がしばしば使われている。しかしこれは表現だけで、普通法下でおこなわれている現実はこの「儒教的たてまえ」とはまったく違うのだが、専門の法制史家さえこれが実体だと誤解していると中田博士は指摘している。これは通俗文学から法を抽出していけば明らかなことだが、誰にもその着想がなく、これをおこなっていないため、「たてまえ」が現実だと誤解している。

（4）徳川時代の全面的否定は明治にも昭和にもある。皇国史観《こうこく》（注：日本民族の統合の中心を天皇に求める歴史観）も戦後の進歩的マルクス主義的史観も、徳川時代を否定的に記す点では興味深い共通性がある。だが大正自由主義時代の中田博士にはそれがない。

（5）明治が評価したのはフィクションである「武士道」だけであり、国民の九割以上を占める普通法下の庶民を無視し、その普通法下の庶民も「武士道」のもとに生きていたかの如きイデオロギー、いわば一億武士道化イデオロギーで徳川時代を見ていたわけだが、戦後これが否定されると、すべてが否定になって、「封建的」という一言で片づけられ、庶民は専《もっぱ》ら「被害者」であったという「被害者史観」が絶対化されたこと。

（6）さらに徳川時代を舞台にしたチャンバラものの、現代と混淆《こんこう》したようなフィクションの徳川時代が何となく通念になっていること。

「緒言」は語る

この点で日本はまことに奇妙な国だという感じもする。十八世紀のオーストリアの労働法に関する論文を読んだことがあり、それは立派な論文なのであろうが、これが今の日本に何の関係があるのであろう。

それなら十八世紀の日本の文学の中から労働法に関するものを抽出したほうがはるかに日本文化に資すると思うが、残念ながらそういう研究に接したことはない。

さらに英米文学では、活字にならなかった初期のアメリカ文学の研究まであるという話を聞いたが、それが現在の日本にどう関連するのであろうか。これもまた奇妙な現象と言わざるを得ない。

妙な「まえがき」で紙数がつきてしまった。そこで、本書の「緒言《しょげん》」（注：まえがき）の一部を紹介し、前記目次の中の一部、特に現在では「誤解」が通説ないしは常識になっていると思われる部分、二、三ヵ所を次に紹介させていただく。

原文はカタカナであるが、ひらがなで現代かなづかいになおした。引用文はもちろん原文のままである。以下「緒言」。

「法制史の淵源《えんげん》には法的淵源（Juristische Quellen）と非法的淵源（Nicht juristische Quellen）との両種あり、非法的淵源はその正確の度において、もとより法的淵源に及ばざる所ありと雖《いえど》も、或《あるい》は後者の闕《けつ》（注：欠）を補い、或はその意義を闡明《せんめい》（注：明らかにする）するの効用あるを以《もっ》て、法制史家の研究に値《あたい》す。

本編の目的とする所は、徳川時代の私法を、当時の非法的淵源の一たる文学的材料に拠《より》て説明することにあり、此《ここ》に文学的材料と云うも、敢《あえ》て総《すべ》ての文芸作品を網羅《もうら》するの謂《いい》にあらず。主とする所は浄瑠璃及び小説の両種にあり、而《しこう》して浄瑠璃にありては世話物《せわもの》を主として間々《まま》時代物を交《まじ》え、小説にありては浮世草子を主として間々人情本、黄表紙等を加う。蓋《けだ》し徳川時代の文学中、当時の民俗世態を描きて精《くわ》しきもの、世話浄瑠璃と浮世草子とを以て最とすればなり。其他《そのた》脚本、笑話、川柳《せんりゅう》等に材料を採れる所なきにあらざるも、その数は多からず。

本編は前述の如《ごと》く、文学を以て法制を説くことを主眼とするが故に、純然たる法的淵源に至《いたり》ては、可成《なるべく》これが引用を避けたりと雖も、説明の便宜上或は法令条規を援用したる所なきにあらず、もと便宜に出《い》でたるものにして、敢て一方に偏《へん》したるにあらず。……」

「結婚」についての誤解

次にこの本の中の、興味深い点を二、三取りあげてみよう。

人は通常結婚し、時には離婚し、子供が生まれ、隠居（リタイヤ）し相続させる形で一生を終わる。そしてその間に家を借りたり、借金をしたり、契約をしたり、破産したりとさまざまな事が起こる。それらについて全部記すわけにいかないので、人々が誤解していると思われるところを主として引用してみようと思う。

まず結婚である。当時は早婚でだいたい十五歳（今の十四歳）が結婚適齢期とされている。そしてよく「昔は親の命ずる通りに結婚した」などといわれるが、徳川時代の普通法下の庶民は必ずしもそうではなかったらしい。

「父母は男女子に結婚を強《し》ゆることを得ざるにあらずと雖も、予《あらかじ》めその同意を求むること普通の順序なり。紀山人《きさんじん》作『仇競今様櫛《あだくらべいまようぐし》』（年代不詳）初編巻之中、第三回に『（梅太郎）そりやモシあなた、憚《はばか》りながら御無理と申すものでござります。さほどの事を当人のわたくしへはなぜ又おつしやらずに取《とり》きはめをばなされました、親子と申《もうし》ても最《も》早《はや》十五歳以上になれば、一人前の男と申すもの、夫《それ》にあなた親じやと申て、御自分の了簡《りょうけん》で一応いひ聞《きか》せもせずに、縁談をきはめると申事《もうすこと》が、まアござりませうか』とある文参照すべし」

とある。当時の十五歳（十四歳）はもう一人前で父親と対等に口をきいているのもおもしろいが、息子の言い方をみると、たとえ相手が親でもこういう行為には抗議するのが常識だという感じを受ける。

では、こういう問題を克服して結婚した場合、どの時点で「婚姻」が成立したと見るのか。

「徳川時代の厳格なる用語にては、婚姻と云うは夫婦の関係を発生すべき祝言《しゅうげん》の挙行なり。而《しこう》して此《この》婚姻を挙行する契約は即《すなわち》縁談取極《とりきめ》にして、こは結納《ゆいのう》の授受に依《より》て成立するものとす

(徳川禁令考後聚《こうしゅう》三帙《ちつ》一四一頁)。此結納の授受は未だ夫婦関係を発生せしむるものにあらずと雖も、新郎縁女《えんじょ》の間に夫婦に近似したる関係を生ず。即《すなわ》ち何《いず》れか一方が死亡する場合には、他方は夫婦の忌《き》(注:相手の死後、忌《いみ》に服している期間)と同日数の遠慮をなし、縁女(注:縁組関係にある女)が他人と密通する場合には、両人共姦通罪《ともかんつうざい》に問わるるものとす(百ケ条第四十九条)。故に或《ある》法源は縁女と雖も妻と称することを得《う》と云えり」

ただこういう場合は結納の祝儀を返却して破談にすることも可能であったらしい。ただその際、中に立った者が非常に困って「しあん(注:思案)して私の立《たつ》やうに頼みます」と言っているから、相当にごたごたがあったのであろう。だがこれを見るとだいたい、示談《じだん》ですんだようである。

「離婚」をめぐるルール

徳川時代は離婚が簡単であったように言われるが、夫婦財産制が明確なので、妻が持参金を持って来たり、婿養子《むこようし》であったような場合には相当に面倒である。

持参金は一応、夫所有となっているが、離婚の時には返却しなければならないから、妻から借金をしているような感じになる。そしておもしろいことに、この持参金のことを敷金《しききん》という。

「此《この》持参金は……夫が妻を離縁する場合には返還することを要せり、去《さ》れば持参金を以て妻が夫に貸与したる貸金の如く見るの考《かんがえ》なきにあらず」として、貧乏な百姓が「敷金持て後連《のちづれ》と、形も容《かお》もかはる世も、金の光りの高枕……」となったまではよかったのだが、さて夫婦喧嘩となって妻から「こなたの身の上といふは、油つぎの会所見る様な、アノ仏壇と、対王時代の古つづら、底の抜《ぬけ》た鍋釜《なべかま》と、紙屑籠《かみくずかご》も一所に背負て今此内《このうち》を出て行《ゆく》なりと貸た金を耳揃へて戻しなりと、二つ一つの返事じやと、口へ出儘《まま》の悪口雑言《あっこうぞうごん》……口惜《くやし》いとは思へども、勝《まさ》れぬものは敷金の、才覚何と泣《なく》ばかり」というあわれな状態にもなる。

婿《むこ》養子の場合はその表現が混乱しているように見えるが、これは「当時家名のみを養子に続《つ》がしめ財産に至ては家女に譲《ゆず》るの風一般なりしが為《ため》」であった。夫のものは「家名」だけで「財産」は妻ににぎられている。

「神沢貞幹《かんざわていかん》著『翁草《おきなぐさ》』巻三（密夫非密夫の段）に、『男は聟《むこ》養子に行《ゆき》て不縁なるとき、其の家を立退《たちのく》ところ則《すなわち》離縁の証拠なり、奚《いずくん》ぞ離縁の男より証状を求めん哉《や》。その所以《ゆえん》は家女に其家を相続させせんが為に婿をとるの主意なれば、其家を離るゝは則《すなわち》相続せざるの証となれば、これ離縁状に及《およば》ざるもの歟《か》』」とある。

黙って夫のほうで出て行く以外に方法がなかったらしい。

こういう場合もあるが原則として「離婚の権利は夫にあって妻にあらず、もとより離婚が妻又《また》はその実家の申出に起因することあり得《う》べし。然《しか》れどもその許否は夫の権内にあり。且《かつ》当時の思想にては、妻又はその実家が離縁の申出をなすことは、倫理に反すとなせり」とある。

ただ妻が持参して行ったものを、妻に承諾なく夫が勝手に処分した場合は、妻もしくはその実家が離婚を要求できた。また夫が死ぬか勘当《かんどう》された場合、その妻子は原則として関係はないが、その妻を離縁することも出来た。

これを「舅去《しゅうとざり》」と言ったが、主な理由は妙な噂を立てられるのがいやだったから、らしい。「菅専助作《すがせんすけ》『紙子《かみこ》仕立両面鑑《じたてりょうめんかがみ》』本町大文字屋の段に、『サア相手のない若い嫁を、はなしもせず傍に置《おく》は、ア丶あの親父め合点《がてん》がいかぬわいのと、近所隣に思はるゝもいやさに、気の毒ながら舅去《さり》、や書て来た去状《さりじょう》と渡せば手に取《とり》、泣入嫁《なきいるよめ》』などはその一例であろう。

夫の虐待、不品行などを理由に妻または実家から離婚を要求することはできたが、この持参金の返却は請求できなかった。それを記した引用は相当長いので中田博士の要約を次に引用する。

「㈠持参金は妻方より離縁を申出たる場合には返還するを要せざること、㈡諸道具は妻の同意無くば夫これを処分するの自由を有せざること、㈢諸道具は妻方より離縁の申出を為《な》したる場合にも相当の理由あるときは送還すべきものなること、㈣然れども妻の同意を得て夫が処分したる諸道具は此限《このかぎり》にあらざること、此四個の事実を察し得べし」とある。

では一体、猛烈女房がいて夫を叩き出してしまったような場合どうなるのか。あるいはあらゆるいやがらせをして夫に「出て行け」と言わせ、三行半《みくだりはん》を取った場合はどうなるか。おもしろいことに「塵芥集《じんかいしゅう》」（伊達稙宗《だてたねむね》・一四八八〜一五六五）（一六七条）には「……婦猛《めたけ》きにより、夫追《を》い出す……」にはじまるおもしろい条文があるが、徳川時代も例外ではあるまい。だがこういう場合はどうなるか、これはあまり明確ではないが、結局「三行半」を夫が書かされるという結果になるのであろう。

この場合は持参金その他は一切返却しなければならない。これができなければ前記の百姓茂治作と同様、文字通り「尻に敷かれて」「敷金の、才覚何と泣《なく》ばかり」になる。

自由相続の実際

こういったことがなく結婚が無事継続すれば子供が生まれ、相続という問題が生ずる。ここにわれわれ一般人にはちょっと気づかない法律の専門家の指摘がある。その一つは封建法下の武士には相続権がなかったという指摘である。

大名は一方的に「お国替え」を命じられるから「この所領を相続する権利がある」と幕府に主張できるわけではない。また武士は父親が五百石《こく》を取っていたからといって、この五百石を相続する権利があると殿様に言えるわけではない。

いわば「家督《かとく》仰付《おおせつけ》られたく」と申請して許可あれば、ということだから、いわば父親の月給の再給付が承認されたということで、「権利」ではない。したがって、子供がいなければ再給付の対象がないから自動的に消滅する。これがいわゆる「子なきはお家断絶」であろう。ところが普通法下の庶民はそうではない。そしてその原則は自由相続であって法定相続ではない。

父親は遺言状を書く法的義務はあるが、だいたいは生前相続で隠居となる。義務はそれだけでその内容は法的に定められていない。

中田博士は自由相続は古代ローマ法と日本だけであろうと記されておられるが、『貞永式《じょうえいしき》目《もく》』（注：古代律令のような中国の影響や、明治以後の欧米の影響がなく、初の日本の固有法であった鎌倉幕府の法典）でも「譲状《ゆずりじょう》」をどう書いて、誰に渡すか幕府は干渉しないから、これも自由相続であり、江戸時代の普通法はこれに基づくと言ってよいであろう。

ではなぜ日本は「長子相続制」であったと誤解されているのであろうか。これは一つには封建法下の武士は通常「長男に家督仰付られたく」であったこと、またこれに準じて「たてまえ」は「法定の家名相続人と称すべきものは惣領《そうりょう》「男子」であったことによるであろう。ただし「惣領が家名相続の重任に堪《た》えざるか、又《また》は父の意に叶《かな》わざるときは、父これを退身せしめて、次男を相続人に指定し（指定相続人）、或は又《ま》実子を悉《ことごと》く退身せしめて他より養子をなして、家督を継がしむることを得」であったから、これまた「長子権」という権利があるわけでなく、一応、順位ナンバーワンと言っただけにすぎない。

　中田博士はさらにさまざまの例をあげて「父の相続人指定権は甚だ自由なるものなり」とされている。これが自由相続制であろう。

　さらに中国の影響を受けるとさまざまな表現が出てくる。だがこれも表現だけであって、「家名相続、祭祀《さいし》相続、家督相続及び跡式《あとしき》相続なる四種の観念の結合なり。去《さ》れば徳川時代に於ては家名相続と云い、名字相続と云い、家相続と云い、家督相続と云い、遺跡相続と云い、跡式相続と云い、跡目《あとめ》相続と云い、将《はた》（注：あるいは）又《ま》た位牌所《いはいじょ》を立つると云える語は、普通の用語としては全然同一観念同一意義に使用されたり」。

　したがって「家督権」などというのは現実にはない。「今日の民法（旧民法）は家族居住の指定、婚姻の承諾、離籍の言渡《いいわたし》等三、四の軽微なる権利を掲げてこれを戸主権と名づけ、戸主権と戸主の財産権との相続を称して家督相続と云う前古無類の新制度と云うべし」と中田博士は記されているが、明治にはこういった奇妙な逆行がしばしばあらわれるのである。

　妙な言い方だが徳川時代の普通法よりも〝封建的〟になっている。

「徳川時代、家督相続の名は存するも、その実は跡式相続と異ならざること前述の如し。蓋《けだ》し徳川時代には家長権なるもの存在せざればなり」

これは実に重要な指摘である。確かに「親権」はあったし「夫権」もあった。もっとも夫権も場合によっては「妻権」のほうが強かったかもしれぬ。したがって「家の当主は家族に対して、所謂《いわゆる》家長権なるものを行使する事なし。もとより彼は父として親権を行い、夫として夫権を行う。然《しか》れどもその余の家に在る伯叔《はくしゅく》兄弟姉妹等、所謂厄介者《やっかいもの》に対しては、何等《ら》の権力を行うこととなきものとす」。

「厄介者」とはここから出た言葉らしいが、彼らへの義務は「道徳上の職分」であり、法的な権利・義務ではない。こういう厄介な関係から逃れようとすれば、「分家」させるに限る。いわば「核家族化」すればよいのだが、これが出来るか出来ないかは、一に経済力の問題である。いわばこれは「ローンはこのほうが払いよいと祖父母・父母・息子夫婦の三世代核家族が同居している」のに似ているであろう。

経済力の向上とともに核家族化した原因はすでに徳川時代にあった。というのは当時でさえ経済力さえあれば老父母は隠居して核家族、兄弟はそれぞれ分家して核家族だったからである。

では隠居は誰が扶養したか。日本人は親孝行であったなどというのはもちろんフィクションであり、この関係もまたきわめてドライであった。

隠居は親権の放棄ではない。そして当時の親権には「勘当《かんどう》」という懲戒権《ちょうかいけん》があった。「勘当法」については、今回は省略するが、息子が不埒《ふらち》なことをすれば勘当すればよい。相続は自動的に消滅する。一例をあげよう。

「其磧《きせき》（注：江島《えじま》其磧。浮世草子作者）作『咲分五人娘《さきわけごにんむすめ》』（享保廿年《きょうほうにじゅうねん》）巻三、第一に『大分《だいぶん》の金を仕失《し》ひし（注：すっかり失ったこと）によつて、隠居道斎以《もっ》ての外《ほか》に立腹して、一子なれ共《ども》追出されけるを、色々詫《わび》てもきげんなをらず、つゐには町衆に袴《はかま》着てもらふて、表向《おもてむき》へ出て勘当帳に付《つけ》て（注：公的機関で公式の勘当記録に記して）、一人子を捨《すて》けるは、能々《よくよく》の事ぞかし』とあるにて知るべし」

父親の権威には裏づけがあり、そこで安心して隠居できたわけである。これは『貞永式目』の「悔い還《がえ》し」に相当する権利であろう。こうしてみると日本人、いわば普通法下の一般日本人には昔から、ものごとをすこぶる経済的に、かつドライに処理する伝統があったものと思われる。

「質屋」は現金を貸してくれない

このほかにもさまざまなおもしろい問題が出てくる。生活すれば当然に経済問題を生ずる。昔も今もローンがあったが、その中には名前が同じなために、実態は少々違うのだが、現在と同様と誤解しているものもある。

一例をあげれば「質屋《しちや》」である。質屋に質物《しちもつ》を入れて金銭と質札《しちふだ》を受け取る、これが現在の質屋であるため、徳川時代のこれと同じだと誤解している通俗小説があるが、これは間違いである。

「徳川時代の小説院本《まるほん》（注：作者署名の浄瑠璃《じょうるり》版本）に見えたる動産質の多くは質屋に典じたる質物なり。当時質（注：質屋）にては質物と引替に、質札を質置主に交付するを定例とす。質札の形式は永井堂《ながいどう》亀友《きゆう》作『世間《せけん》仲人気質《なこうどかたぎ》』（安永五年）巻五、第二に、『是《これ》は質の札なり。読《よん》で見れば、元銀弐拾壱匁《もとがねにじゅういちもんめ》（奥島《おくじま》――注：縞《しま》の立派な織物――古袴《ふるばかま》一ツ、やぶれあり、このゑやうのうたひ本〈注：近衛《このえ》流という書道の流儀で書かれた謡《うたい》用の本〉百けん〈注：巻〉、はこ入、但《ただ》しふる本、二さつ不足あり）札《ふだ》のうらに質屋の名所《などころ》、鼠《ねずみ》くい不存《ぞんぜず》、置主（出世松右衛門殿、請《うけ》人《にん》〈注：保証人〉のりや重兵衛殿）とあり』とあるにて察知し得べし。此質札は斯《かく》の如く記名式なれども、その融通力は無記名式と同一なり。換言すれば徳川時代の質札は黙認の選択的所持人払証券（Alternatives Inhaberpapier）と解釈して可なるべし」

簡単に言えば質屋は金額を記した質札を交付してくれるだけで、現金を貸してくれるわけではない。そしてこの質札が現在の手形のように流通するわけである。ということは、質物の請戻《うけもど》しはその所持人にのみできることになる。

「其結果として第一に、何人《なんぴと》も質札を呈示するにあらざれば、質物の請戻をなすこと能《あた》わざるものとす……。第二に、質置主と雖《いえど》も質札を紛失したるときは、質物の請戻権を失うに至る……。第三に、何人と雖も質札の占有を取得したるものは、質物を請戻すの権利を有するものとす」となる。

「……」にはそれぞれの実例が引用されているがこれは紙数の都合で省略させていただく。

こういった諸例をあげていくと、本書は、結婚・離婚・親子関係・隠居・日常生活の経済的諸相などで、われわれが随分、徳川時代を誤解していることがわかる、非常におもしろい本である。

「禁断の果実」を食ったもの

『江戸の本屋さん――近世文化史の側面』（NHKブックス　一九七七年）

今田洋三（こんた・ようぞう）　一九三二―一九九八年。近畿大学教授などを務める。専攻は近世文化史・コミュニケーション史。

文化を向上させる「予備軍」が出現

「日本出版史」などというカタイ本を読む気はないが、日本の出版がどのような歴史を持ち、それが社会にどう影響していたかの概略を知りたい人には『江戸の本屋さん――近世文化史の側面』をおすすめしたい。

私自身が世にいう出版屋なので、たいへんにおもしろく読んだという面もあるであろうが、本書のおもしろさはそれだけでなく、出版は日本文化の性格を如実《にょじつ》に示していること。またそこに示された性格があったから近代化が可能であったことを、自《おの》ずと示してくれている、といった点にある。

そしてさらにこの点で、江戸時代の重要性を再認識させてくれる本でもある。

「はじめに」で著者は次のように記されている。

「出版業は、日本では江戸時代のはじめに成立した、生産・流通過程における全く新しい部門である。それまでは、印刷《プリンティング》という文化の現象はあっても、営利事業ではなかったから出版《パブリッシング》とはいえないものであった。出版は、文字化、あるいは記号化された精神活動の所産を、印刷という技術と、販売という経済的活動を通して社会に送り出す、すぐれて文化的活動であり、同時に経済的活動である、といってよいであろう」と。

　これはまことに適切な「定義」であり、これを逆に出版屋的に表現すれば次のようになるであろう。

「出版とは、おカネを出して本を買うという文化的・経済的水準に達した幅広い層がない限り成立しない商売であり、この階層は江戸時代のはじめに出現した」と。

　それがはじめはどのような性格を持つ階層であったか、またそれがどのように変遷《へんせん》して行ったかは、各時代の出版物の内容を見て行けばわかる。その細部は本書にゆずるとして、本稿では元禄《げんろく》から田沼《たぬま》時代、特に「Ⅲ－三　近代出版の先駆者・蔦屋重三郎《つたやじゅうざぶろう》」に焦点をあてて紹介したいと思う。

　このような出版社は、「庶民にとって、字を読むことが苦痛である」という文化、ないしはそのような文化的水準では絶対に出現せず、人々が「娯楽としてものを読む」ことが可能になって出現し、そこではじめて、大衆相手の出版が、利潤《りじゅん》のあがる商売になり得るからである。

このことは非常に重要だと私は思っている。というのは、そこには、むずかしい学術書に進み、一国の文化を向上させる者が出現しうる「予備軍」がすでに形成されていたことを示すからである。この「基盤」がない限り「近代化」は不可能だといえるであろう。

だが伝統的な〝格式ばった権威ぶる出版社〟は、識字率の向上でこのような「予備軍」がすでにいることに気づかない。いわば膨大《ぼうだい》な「潜在的購読者層」が、自分に適合する出版物の出現を、それと気づかずに待っているという状態が見えないのである。

「蔦重《つたじゅう》」こと蔦屋重三郎は、その状態を見抜き、この「潜在的購読者層」を顕在化《けんざいか》して、「出版の対象」とした。

「……京伝《きょうでん》（注：山東《さんとう》京伝――浮世絵師、戯作家）や歌麿《うたまろ》（注：喜多川《きたがわ》歌麿――浮世絵師）は創作者であった。一方、蔦重はかれらをはげまし、創作のヒントを与え、作品を世に送り出す出版業者であった。蔦重一人がこの時代の出版をささえていたわけではない……しかし、その中にあって、この時代を代表する出版業者を一人挙げろといわれたら、躊躇《ちゅうちょ》することなく蔦重の名をいわねばならないであろう」と本書に記されているが、私も、その通りであると思う。

処女出版は吉原情報

彼の生まれは寛延《かんえん》三年（一七五〇年）、一代にして大出版社を築きあげた天才的出版人だが、当時の〝格式ばった権威ぶる出版社〟からは、ある程度、顰蹙《ひんしゅく》を買った存在ではなかったかと思う。というのは彼の社は吉原の大門の前にあり、鱗形屋孫兵衛《うろこがたやまごべえ》が出す「吉原細見《よしわらさいけん》」（吉原の遊女の名簿・案内書）、いわば「吉原情報」の販売店として出発し、やがてこの出版権を手に入れて、出版社となったからである。

もちろん当時の「吉原情報」を簡単に現在の「トルコ情報」――というのがあるのかどうか知らないが、その種の連載をしている週刊誌はある――と同一視するわけにいかないが、漢籍や仏書さらに医書や武鑑《ぶかん》（注：大名や旗本の姓名、出自《しゅつじ》、石高《こくだか》などをまとめた名鑑）などを出版している京都の老舗《しにせ》から見れば、自分たちと同一業種とは認めがたい存在であったろう。

この蔦重は、「吉原細見」の出版権を手に入れると、早速に新機軸を出し、北尾《きたお》重政《しげまさ》（注：浮世絵師）の画を入れた吉原細見『一目《ひとめ》千本《せんぼん》　花すまひ』を出した。少々皮肉な言い方をすれば、これが彼の〝処女出版〟である。

「没落しつつあった鱗形屋の吉原細見の版行権を全面的に獲得する。江戸の普通の成年男子ならば、吉原細見をみたことがない者はなかったであろう。学者ぶった堅物《かたぶつ》の息子でも、

〝細見を四書文選《ししょもんぜん》のあいに読み〟である」と著者は記されているが、これは、学術書を開きながら週刊誌を横目で見ているといった状態かもしれない。

ついで彼は浄瑠璃の富本節《とみもとぶし》の正本の刊行もはじめる。これと、これに合わせた舞踊劇が一世を風靡《ふうび》する人気であったから、いわば彼は、劇場と吉原を基礎にして、そのPR誌を売るような形で発展し、やがて黄表紙の刊行へと進むのである。そしてこの黄表紙と狂歌集こそ、まさに彼がその本領を発揮した部門であった。

「……めったに人をほめないことで有名な馬琴《ばきん》（注：滝沢馬琴――『南総里見八犬伝』などの読本《よみほん》の作者）も蔦重の『巧思妙算』にはかぶとをぬいで、『江戸作者部類』で次のようにいっている。『顧《オモ》ふに件《くだん》の蔦重は風流も無く文字もなけれど、世才人に捷《スグ》れたりければ、当時の諸才子に愛顧せられ、其資《タスケ》によりて刊行の冊子、皆時好《じこう》にかなひしかば、十余年の間発跡《はっせき》（注：発展）して一二を争ふ地本《じほん》（注：江戸で出版された本。大阪出版に対する語）問屋になりぬ……。

通油町《とおりあぶらちょう》なる地本問屋鶴屋蔦屋二店にて毎春印行《いんこう》（注：印刷発行）せる臭草紙《くさぞうし》（黄表紙）は、必《かならず》作者を択《えら》むをもて、前年の冬より発兌《はつだ》（注：発行）して、春正月下旬まで、二冊物三冊物一組にて、一万部売れざるはなし、そが中にあたり作ある時は、一万二三千部に至る事あり、猶甚《なおはなはだ》しく時好に称《かな》ひしものあれば、そを抜出して別に袋入にして、又三四千も売る事ありといへり』」と本書に出ているが、今の出版屋も少々顔負けである。

身分も格式も権威も眼中になかった

なぜこのように売れたのであろうか。「時好にかなひしかば」で、時流に乗ったという点もあるであろう。またそこに膨大な潜在購読者層のあることを見抜く目も持っていたであろう。

しかし、もう一つ見逃せないのは、彼がまったくの自由人であり、この時流に乗り得るものを書く者を、「作者」としてのみ見て、他のことをまったく無視して、階級を越えた著者集団を構成し得たという点にあるであろう。

彼には、身分も格式も権威も眼中になかった。これが本物の出版人であろう。

いわばその著者集団には、大名の一族も、江戸留守居役の藩士も、御典医《ごてんい》（注：幕府や大名に召しかかえられた医師）の一族も、落ちぶれた旗本も、町人もいたのである。これがみなペンネームというより、むしろ変ネームで書きまくっていた。

二、三の例をあげると黄表紙では朋誠堂喜三二《ほうせいどうきさんじ》が本名は平沢常富《ひらさわつねまさ》で秋田藩佐竹家二十万石の江戸御留守居役、なお彼の狂歌作者の変ネームは手柄岡持《てがらのおかもち》。恋川春町《こいかわはるまち》は本名は倉橋格《くらはしいたる》で駿河小島藩松平家一万石の江戸詰家臣。彼などは小藩の武士で貧しかったので、アルバイトに絵師の仕事をしようと鳥山石燕《とりやませきえん》に絵を学んでいた。一方、有名な山東京伝は本名は岩瀬醒《いわせさむる》で京橋の商家の生まれ、すなわち町人である。

当時狂歌は爆発的に流行し、何々連というグループから原稿を手に入れようと、どの出版社も懸命であったが、蔦重は狂歌と浮世絵の総合という新機軸でこれに参入した。

その連の代表の変ネームはまったくおもしろい。たとえば宿屋飯盛《やどやのめしもり》（国学者石川雅望《いしかわまさもち》）の伯楽連《はくらくれん》、腹唐秋人《はらからのあきんど》（商家の番頭）の本町連、鹿津部真顔《しかつべのまがお》（しる粉屋）のスキヤ連などに尻焼《しりやけの》猿人《さるんど》（姫路侯の弟酒井忠因《さかいただなお》）も加わって、武士・町人文人連合の市民文学運動のようになっていく。

そしてこの結成の場が吉原であったらしく、蔦重は多くの文人をつれて吉原の遊女屋大文《だいもん》字屋《じや》市兵衛方で遊んでいる。そしてこの市兵衛も狂歌作者で、その変ネームは加保茶元成《かぼちゃのもとなり》である。

だが天明《てんめい》七年（一七八七年）、同三年よりはじまった大飢饉《だいききん》により、民衆の不満が爆発し、連鎖的な打ちこわしが主要都市に起こった。前年の八月に失脚した田沼意次《たぬまおきつぐ》は閉門を命ぜられ、彼の下の老中・若年寄以下の役人たちは職から追われた。ついで、六月から老中首座となった松平定信《まつだいらさだのぶ》が改革に着手した。

「寛政《かんせい》の改革」がはじまったわけである。そして俊敏な蔦屋重三郎は、江戸市民の関心が大きく政治に傾いたことを知ると、たちまちそれに対応する企画を立てた。いわば批判をこめた政治諷刺の黄表紙の発行である。

これが当たりに当たったのだが、これまた、当時の出版人には想像もできないことであった。黄表紙とは元来は大衆的な漫画本であり、それが政治的題材を取りあげて売れに売れるなどとは、想像できなくても不思議ではない。この時代には「天下の御政道」は、そのような形で取り上げる対象ではなかったからである。

松平定信という謹厳の象徴のような人、そして江戸人から見れば、野暮《やぼ》で頑固な田舎者である彼にとって、もっとも神経にさわる人間が蔦重であって不思議ではない。

天明九年（寛政元年・一七八九年）、ついに第一回の弾圧の手が、黄表紙・洒落本《しゃれぼん》の代表的作家山東京伝と石部《いしべ》琴好《きんこう》に下った。石部琴好は手鎖《てぐさり》の後、江戸追放、京伝は罰金刑だったが、蔦重であれ京伝であれ、これぐらいのことではくじけず、黄表紙の執筆と出版を続けた。

寛政二年〝出版条令〟が公布され、同三年には蔦重と京伝が摘発《てきはつ》された。おそらく見せしめであろう。京伝は手鎖五十日、蔦屋は身上に応じ重過料（財産半分没収）であった。

だがこの刑は、今の共産圏と比べればはるかに軽い。もし今、ソ連でそれまで蔦重が出していたような政治的黄表紙を出したら、たちまち収容所行きであろう。

出版屋にふさわしい最期

そもそも彼は、定信の政治で百姓・町人が楽になるなどとはまったく思っていなかった。そこでそのことをまことにブラックユーモア風におもしろおかしく書かせたわけである。

たとえば天明七年の江戸の大打ちこわしなどは、御仁政《じんせい》で天下が治《おさ》まり、みな満足しているゆえに盗人などはいるはずはない「かかる目出度《めでた》き御代《みよ》に戸をたてるでもあるめへ、いらぬものさと、壱人《ひとり》が戸を打ちこわすと、家並にこれはもっともと、てんでに我家〱の戸を打ちこわし、誠にとざさぬ御世《みよ》とはこのときをや申《もうす》べき」と記している。こういう部分を読むと鈴木総理（注：鈴木善幸《すずきぜんこう》――一九八〇年七月から一九八一年一一月まで内閣総理大臣）の退陣などは、どう書かれたであろうと想像したくなる。

御仁政で天下泰平で無犯罪、だから戸などはいらないから戸を打ちこわそうと打ちこわしが起こる――何という皮肉、これには松平定信も耐えられなかったに相違ない。

いわば御仁政、御仁政と、ほめてほめてほめあげて、徹底的に揶揄《やゆ》する。そうなると正面切っての幕府批判ではなく讃美だから始末が悪い。これが大成功ということは、否応《いやおう》なく江戸の識字層を黄表紙で政治批判の世界に引っぱりこんだのである。

たとえ定信が、ついには耐えられなくなって弾圧したとて、一度、政治批判という「禁断の果実」を食ったものはもとへは戻らない。私はこの点で、蔦重にはもっとさまざまな評価があっていいいと思う。

財産の半分没収は彼にとって大きな痛手であったに相違ない。だが、さらに大きな痛手は、身分も階級も無視した彼の著者集団が解体に追いこまれたことである。何しろ定信の「定廻《じょうまわ》り同心」（注：江戸市中を巡回パトロール）を使っての異説・流言、新刊書の評判の調査等は徹底したものであったから——。

だが、執拗な企業家精神の持ち主である彼は、これで出版をやめる気はない。そこで出現したのが写楽《しゃらく》（注：東洲斎写楽《とうしゅうさい》——浮世絵師）作品の大量出版である。だが写楽については研究書なども多いからこれは省略して、もう一つ忘れることのできない面を指摘し、彼の最後を記して終わりとしよう。

彼は「出版社出身作家」ともいうべきものを育てた最初の人であったということである。馬琴も一九も彼の店の使用人であった。

蔦屋重三郎は寛政九年（一七九七年）五月六日に四十八歳で世を去った。燃焼しつくした一生であったろう。死の日、自分は午《うま》の刻《こく》に死ぬのだといい、自分なきあとのことをさまざまに指示し、妻に別れをつげた。

ところが午の刻になっても彼は死なない。その彼が側《かたわ》らの人々に笑いながら言った、

「場上未撃柝何其晩也《ばはあがれるにいまだげきたくせずなんぞそのおそきや》」と。

撃柝とは拍子木《ひょうしぎ》を打つこと。場上とは場面の終わること——と解すると、「自分の生涯という幕はもう終わったのに、まだ拍子木がならない。おそいではないか」の意味になる。そして口をきかなくなり、夕方に息を引きとった。

自己の死まで明確に意識して演出する、これは出版屋蔦重にふさわしい最期《さいご》であったろう。

こういうおもしろい話を読みたい方々に、この『江戸の本屋さん』は、何としてもおすすめしたい本である。

先入観と偏見

『朝鮮語のすすめ』（講談社現代新書　一九八一年）
『はじめての朝鮮語』（講談社現代新書　一九八三年）
渡辺吉鎔（わたなべキルヨン）　一九四四年、韓国ソウル市生まれ。慶應義塾大学名誉教授。専攻は言語社会学、現代朝鮮語学。

「人生の損失」をしないために

一定の年齢に達すると「いまさら外国語の入門書なんて……」という気がするであろう。私とて例外でない。理由の一つは、高齢になって新しい外国語を第一歩から学ぶのはシンドイという気持ち、もう一つは語学の入門書は決して「楽しく読める」本ではないという先入観があるからであろう。

事実、若いころに苦しめられた無味乾燥な外国語入門書を思い浮かべると、それだけで拒否反応が出てきて「そんな本がたのしく読めるはずがない」という偏見が先に立ってしまう。

こう考えると渡辺吉鎔《キルヨン》さんの『朝鮮語のすすめ』（注：言語社会学者・鈴木《すずき》孝夫《たかお》氏との共著）と『はじめての朝鮮語』はその題名のためにだいぶ損をしている。

もっとも本当に損をしているのは、この標題から「外国語入門書」への拒否反応を起こしてしまう人のほうであろうが、いずれにせよ、こんなおもしろい本を読み損《そこな》うのは「人生の損失」、といって大袈裟《おおげさ》なら、確実に楽しみを一つ失ったと言える。

というのはこの二冊は入門書であると同時に、言語による日韓比較文化論だからである。したがって「鏡に写して日本を再把握しよう」と思う人は、「新しく朝鮮語を学ぶ」という心理的負担を一切無視して楽しく読んで行けばよい。それを可能にしている点では、この二冊はまさに稀有《けう》の語学書であり、渡辺吉鎔さんならではの本という気がする。

朝鮮語はもちろんだが、他の外国語についても、こういう本が書ける人は皆無《かいむ》に等しいのではないであろうか。これができるのは、一つには著者の渡辺吉鎔さんが日本人男性と結婚され、日本で生活されている点にあろうが、もちろんそれだけでは、本書を著《あらわ》すことは不可能である。

氏は本職は言語学者で留学中はカリフォルニア大学の日本語講座で講師をつとめられたのだから、日本語についてもおそらく私などより詳しく、さらに母国語の朝鮮語では、現代朝鮮語学が専門なのだから、単に、母国語だから堪能《たんのう》というだけではない。言語による比較文化論は、こういう著者にのみ可能なことであろう。

前置がだいぶ長くなったが、私も実は前記の「心理的負担」を除去して、ひたすらおもしろがって読んだ一人だから、これから記すことは厳密な意味で書評でもなく紹介でもなく、「こうおもしろく読んだ」という読後感にすぎない。

どの民族でも表現は微妙なものだから、入門書をマスターしたからと言って、その民族独特の表現を自由自在に使えるわけではない。たとえばアメリカ人が「私の奥さんお元気です。あなたの家内は元気か？」と言っても、「アメリカ人だから……」で許容されることであって、日本人がこんなことを言えば頭がおかしいと思われるであろう。

表現は文化である。日本人と韓国人は、言葉だけでなく、表現もまた非常に似た点があるのがおもしろい。たとえば日本人は「何もございませんが、どうぞ召しあがってください」と言い、「つまらないものですが……」と言って贈物を差し出す。

こんな言い方をするのは日本だけだなどとよく言われるが、実は韓国人も同じなので、いわば両国とも自己謙遜《けんそん》の文化なのである。そして謙遜表現の一例を韓国のスピーチ集から引用されているが、その日本語訳はまさに日本人の挨拶の言葉として通用する。次に引用させていただく。

「この難しい時期に、両協会の会長としての重責をおあずけくださった会員のみなさまのご期待にお答えできますよう、力量不足ではありますが、会員諸氏並びに関係機関各位の継続的な協力と指導鞭撻《べんたつ》を願ってやみません」

じつは「近くて近い国」？

さらに微妙な表現は男女の間である。韓国人も日本人も「アイ　ラブ　ユー」などと言わない、否《いな》、少なくとも言わなかった。「ラブ」を意味する「サラン」の「サ」には「李朝《りちょう》（注：一三九二―一九一〇年にかけて存在した朝鮮最後の統一王朝）の文献には『思』という漢字が当てられている」が、これも昔の日本人の言い方「思い、思われる仲」を連想させる。

だが表現は時代とともに変わる。特に「アイ　ラブ　ユー」文化の影響を強く受けている日本と韓国ではそれがどう変化しているであろう。この点、「『愛』の気はずかしさ」の一節は非常におもしろいので、次に引用させていただく（校正に自信がないのでハングルは省略させていただくが……）。

「日本人の愛が、『相思相愛』『思い思われの仲』といった表現に反映されているように、『思う』ことと関係があることや、日本にも伝統的に愛のことばがない点も韓国とよく似ているといえそうである。

だが、現在韓国のテレビで放送されているメロドラマを見ていると、若い人の間でけっこう『サランヘ』（愛している）という言葉がかわされている。そこで、私は里帰りの際、幼な友達に思いきって質問してみた。テレビを見ていると、

サランヘ（愛しているよ）

という文句が出てくるが、私だけが時代おくれなのだろうかと。すると彼女らは、あけっぴろげに笑いこけた後、

コクチョン　マ　フフフ（心配しなさるな、フフフ……）

といってはぐらかされてしまい、

クロンデ　イルボネソン　オトニ？（ところで日本の方はいかが）

と切り返された。やはり私の返事も何となく煮え切らなかった。

『愛』という語にまとわりつく、何とはないはずかしさの念というものが、日・韓両文化の中には存在しているようである。そしてしだいに、西洋風な直接的な表現をとりはじめている状況も、日本と韓国はよく似ている。遠からぬ将来、朝鮮語教室で『サランヘ』が飛びかう日が来るかもしれない」

対人関係における謙譲《けんじょう》表現や、微妙な男女の間柄の表現に共通性のあることは、「近くて遠い国」どころか、「近くて近い国」であることを示している。というのは私も多少外国を知っているが、以上のような微妙な表現に共通性があるのは、おそらく韓国だけである。

また両書の中で、著者は、いま流行の比較文化論の多くが、欧米との対比において「日本独特」として、その前提のもとに展開されている議論が、韓国との共通性を無視したもので

あることを指摘されている。この誤れる前提の上に展開された文化論が、実は根拠のないものであるという著者の指摘は鋭い。

というのは以上のような微妙な点まで共通性を持っていながら、日本人と韓国人にはまったく違った一面があるからである。どのように違うか。以下に引用させていただく。

〈下宿のおばさん「この部屋の掃除をしなければなりませんが」

下宿生「私の部屋の掃除は、私がしますから、心配しないでください」

下宿のおばさん「こんなにほこりが多いのに」

下宿生「私もおばさんぐらいきれいに掃除できます」

これらの文は、ソウルの延世《ヨンセ》大学で外国人留学生のために使用している初級教材から引用した。教科書だから、もちろん最も普遍的な表現を覚えさせることを目的としている。それが上記の通りである。もう一度読み直していただきたい。日本人同士が、こんなやりとりをすれば、それこそ売りことばに買いことば。険悪な雰囲気すら感じられる。今にでも無言の冷戦状態に突入しそうだ。

対話の中の韓国人の論理

まず、日本人の言語表現のパターンからすると、たとえ、下宿のおばさんが、下宿生の部屋をそろそろ掃除しなくてはならないと、内心思っていても、表現はせいぜい、「お部屋どう？　きれい？」ぐらい。……よほど変わった女性でない限り、開口一番「この部屋の掃除をしなければなりませんが」と、直線的にはいわない。

下宿生にしても、日本では「私の部屋の掃除は、私がしますから、心配しないでください」と、ずばり切り返すことはさけるだろう……けんかを売っているに等しいからである〉

「ののしりことば」考

確かにこの問答は、日本では切口上《きりこうじょう》の喧嘩《けんか》腰《ごし》で、「あんな言い方をしないでも……」ということになるであろう。さらに続く会話も実におもしろいのだが、紙数の関係で省略させていただき、結論に入ろう。

「この短い例文からも分るように、日・朝両語では、対話中、言葉の表面下に流れる論理が正反対に近い。日本人は、あくまでも、裏を考え、衝突を前もって予防しようとする心理が強く働いているのに対し、韓国人は、直線的に、自分を中心に対話をすすめていく。

相手とつねに一定のへだたりを設け、けっして相手の領域にふみこまないように気をつけるとか、あるいは、淡々と語り合うのは、韓国ではコミュニケーションの名にふさわしくないと受け取られるおそれさえある。したがって、韓国人のコミュニケーション・パターンは、日本人には強引さと作意を感じさせ、じつにくどく映る。

一方、韓国人にいわせると、日本人の言語表現はどこか人間不信のところがあり、表現が味気なく、そして変に美学的だという批判につながる」

謙譲表現や愛情の表現に共通性があらわれるとすれば、上記のような異質性が極端にあらわれるのがケンカである。次に引用させていただく。

「とっくみ合いとののしり合い

日本人が以心伝心や察しによるコミュニケーションを好み、言語によるコミュニケーションよりも非言語的なコミュニケーションを尊ぶ傾向にあることは何回かのべた。このような文化においては、ことばはどうしても控えられ、抑えられるので、コミュニケーションの手段としての言語機能を十分に育てあげるという点では、いささか見劣りがする。ところが、韓国のようにことばを最高のコミュニケーション手段としている文化の中では、ことばに対する制約が課されていないので、ことばはますますその効力を強める方向へと発展してゆく。

日本語と朝鮮語を比較すると、後者の中にはじつにバラエティーに富んだ数多くの『ののしりことば』が見出される。この『ののしりことば』の発達は、いうならば相手とのコミュニケーションにおいて、ことばにできるだけ威力《いりょく》を発揮させようという努力の結果から出来上ったものと見做《みな》される。

日本人と韓国人のけんかの場面をくらべてみると、日本人はじつに短気に見える。一言二言いいあったかと思うとすぐ手を出し、とっくみ合いになる。『けんか』とは、本来勝ち負けを決するのが目的だから、どちらかが勝たないことには終わらない。どちらかが、何らかの形で相手をだまらせ、屈服させなければいけないのである。ところが、日本語には相手をことばで押えこもうとしても、『ののしりことば』に属するものがないに等しい。『このやろう！』『畜生！』というと後が続かない。もうそれでおしまいなのである。ことばで勝負がつかない日本人はつい、ゲンコツにたよる方法をとることになる。

反面韓国人のけんかは、日本人にくらべると延々と続く。日本人が秒単位のけんかをするというのなら、韓国人は時間単位の長期戦をくりひろげるといっても過言ではない。だが、日本人と違って、めったに腕力にはしることはしない。けんかの途中で相手をおどかし、屈服させるため、威嚇的《いかくてき》なポーズはひんぱんにとるものの、それ以上のなぐりあい、とっくみあいに進むことはめったにない。別のいい方をすれば、韓国人のけんかはすべて、ことばによって行われ、勝負もことばによってきまってくる。ここにまさに、日・韓両者における言語の機能の相違が見られるわけである。韓国では、ことばがフルにその機能を果すことになる。その時大活躍するのが『ののしりことば』である」

何しろ韓国には「ののしりことば」が千五百余りあるそうだから、「バカ、コン畜生、ウルサイ、ダマレ」でだいたいおしまいになる日本と比べれば、気が遠くなるほど多い。

一体それがどんなものか、それを使うけんかとはどんなものか。ためしにちょっと……。いや、それだけはおすすめできないと著者は言う。

「……相手がののしると、こちらもののしりかえす。そして、ことばによる自己主張や説得、理屈、威嚇でもって相手を制し、反論できない状態に先に追い込む。そうした方に軍配があがる。このような習慣を持たない日本人は、相手のひとことを聞いて気を失うか、あきれてあきらめるか、さもなければくやしさのあまり腕力にはしるか、いずれにせよ韓国でためしにけんかを、とおすすめするわけにはいくまい」

日本人を襲う激しいショック

勝手なところを引用して本書の価値をゆがめているかもしれない。だが以上の例だけでも、日韓両国の関係を考える際の一つの示唆《しさ》があるであろう。

われわれは外国人に接する場合、ある程度は身構えている。そして何かあっても「朝から晩までアイ・ラブ・ユーと言っている連中だから、アイ・ヘイト・ユーぐらいのことは言うだろう」とか、「謙譲の美徳がなく自己主張だけの文化なんだから、ま、あんなもんなんだろうな」といったふうに割引をする。いわば鎧《よろい》を着て相手に対しているようなものである。

ところが韓国で、家に招じられて座ぶとんに座り、「何もございませんが……」「お口に合わないでしょうが……」と言われつつ御馳走をいただき、「つまらないものですが……」と言われて立派な陶器などいただいて、「よろしく御指導ください」などと言われると、いつしか鎧を脱いで無防備になる。

ところが話がうまくいかず議論になり、やや激してけんかともなると、武装を解除していただけに、逆に、ショックが大きいのであろう。筆者は次のように記されている。

「韓国に長く滞在する日本人は、例外なく、一度は激しいカルチャーショックにおそわれるという。まじめに韓国や韓国人を理解しようとする人であればあるほど、韓国文化への適応に苦しみ、中には食べものがのどを通らないほどの拒絶反応を起した人さえいる。欧米のように極端に違う文化の中に適応しようとすれば、それなりの心構えができる。ところが、日本と韓国は外観はほとんど瓜《うり》二つといえるくらいによく似ており、その内容だけが違うわけである。無防備の状態でその相違点に直面した日本人は、大きなショックを受けることになる」と。

こういう状態を越えて相互理解に達するには本書はまさに恰好《かっこう》の手引きだが、いや、そんなことは何も考えずにただ読んでいても、実に楽しくおもしろい本なのである。

本書は文藝春秋「諸君！」に連載の「山本七平の私の本棚から」（一九八二年六月―一九八五年八月）を再構成し、まとめたものです。なお、単行本化にあたり、句読点を加える、注（注：＊＊）をつける等の新編集をしています。

また本書には、今日の人権擁護の見地に照らして、不当、不適切と思われる表現がありますが、本書の性質や作品発表時の時代背景に鑑み一部を改めるにとどめました。（編集部）

著者略歴

一九二一年、東京都に生まれる。一九四二年、青山学院高等商業学部を卒業。野砲少尉としてマニラで戦い、捕虜となる。戦後、山本書店を創設し、聖書学関係の出版に携わる。一九七〇年、イザヤ・ベンダサン名で出版した『日本人とユダヤ人』が三〇〇万部のベストセラーに。以後、「日本人論」で社会に大きな影響を与えてきた。その日本文化と社会を分析する独自の論考は「山本学」と称される。評論家。山本書店店主。一九九一年、逝去。
著書には『私の中の日本軍』『「空気」の研究』（以上、文藝春秋）、『日本はなぜ敗れるのか』（角川書店）、『帝王学』（日本経済新聞社）、『日本人とは何か。』『昭和天皇の研究』（以上、祥伝社）、『なぜ日本は変われないのか』『日本人には何が欠けているのか』『日本教は日本を救えるか』『「知恵」の発見』『日本はなぜ外交で負けるのか』『戦争責任と靖国問題』（以上、さくら舎）などがある。

精神《せいしん》と世間《せけん》と虚偽《きょぎ》
――混迷《こんめい》の時代《じだい》に知《し》っておきたい本《ほん》

二〇一六年三月一二日　第一刷発行

著者　山本七平《やまもとしちへい》
発行者　古屋信吾
発行所　株式会社さくら舎　http://www.sakurasha.com
東京都千代田区富士見一-二-一一　〒一〇二-〇〇七一
電話　営業　〇三-五二一一-六五三三　FAX　〇三-五二一一-六四八一
編集　〇三-五二一一-六四八〇
振替　〇〇一九〇-八-四〇二〇六〇

装丁　石間　淳
装画　田中芳樹／アフロ
編集協力　山田尚道・渡部陽司・柴田暸（以上「山本七平先生を囲む会」）
印刷・製本　中央精版印刷株式会社

ISBN978-4-86581-046-2